KÖNIGS ERLÄUTERUNGEN

Band 251

Textanalyse und Interpretation zu

Gottfried Keller

ROMEO UND JULIA AUF DEM DORFE

Walburga Freund-Spork

Alle erforderlichen Infos für Abitur, Matura, …ur und Referat
plus Musteraufgaben mit Lösungsansätzen

Bange Verlag

Zitierte Ausgaben:
Keller, Gottfried: *Romeo und Julia auf dem Dorfe*. Reclams Universal Bibliothek (RUB) 6172. Stuttgart: Reclam, durchgesehene Ausgabe 2002, Nachdruck 2010. Zitatverweise sind mit **R** gekennzeichnet.
Keller, Gottfried: *Romeo und Julia auf dem Dorfe*. Husum/Nordsee: Hamburger Lesehefte Verlag 2010 (103. Hamburger Leseheft). Zitatverweise sind mit **HL** gekennzeichnet.

Über die Autorin dieser Erläuterung:
Walburga Freund-Spork, Studium der Germanistik und Geschichte an der Universität Münster. Realschullehrerin, Fachleiterin für das Fach Deutsch Sekundarstufe I, Mitautorin des Lehrplans Deutsch für die Sekundarstufe I (NRW), Referentin für Fort- und Weiterbildung bei der Bezirksregierung Detmold, stellv. Seminarleiterin am Studienseminar Sek. I in Paderborn.
In den Zeitschriften Diskussion Deutsch, Praxis Deutsch, Blätter für den Deutschlehrer und Literatur für Leser hat sie literaturdidaktische Beiträge vorgelegt. Literaturwissenschaftliche Untersuchungen zu Heinrich Heine, zu Novellen und Romanen der Gegenwart sowie zur modernen Essayistik sind von ihr in den Universitäts-Taschenbüchern und in den Grabbe-Jahrbüchern erschienen. Frau Freund-Spork ist Autorin von Interpretationen und Lernhilfen namhafter Verlage.

1. Auflage 2012
ISBN: 978-3-8044-1978-0

Titelabbildung: Margit Winter und Erwin Kohlund in *Romeo und Julia auf dem Dorfe*, Verfilmung CH 1941, © Cinetext
Druck und Weiterverarbeitung: Tiskárna Akcent, Vimperk

1. DAS WICHTIGSTE AUF EINEN BLICK – SCHNELLÜBERSICHT

Damit sich jeder Leser in unserem Band rasch zurechtfindet und das für ihn Interessante gleich entdeckt, findet sich im Folgenden eine Übersicht.

Im 2. Kapitel wird **Kellers Leben** beschrieben und der **zeitgeschichtliche Hintergrund** dargestellt.

⇨ S. 10 ff.

→ Gottfried Keller lebte von **1819 bis 1890** als Schweizer Staatsbürger überwiegend in Zürich. Eigentlich fühlte er sich zum Maler berufen, doch blieb der Erfolg aus. Seit Mitte des Jahrhunderts wendete er sich der Schriftstellerei zu. Er erhielt ein Staatsstipendium und konnte in Deutschland studieren. Ohne geregeltes Einkommen lebte er von 1850–1855 in Berlin. Danach kehrte er in die Schweiz zurück, wo er ab 1861 ein gut dotiertes Amt als Stadtschreiber von Zürich bekleidete. Er starb 1890 vereinsamt in Zürich.

⇨ S. 15 ff.

→ Der zeitgeschichtliche Hintergrund ist geprägt von der Abkehr der Restaurationsversuche des Fürsten Metternich, der nach dem Sieg über Napoleon den Versuch machte, Europa in seinen alten Grenzen wiederherzustellen. Doch die Freiheitsbestrebungen des deutschen Bürgertums erwiesen sich als stärker, sodass eine **Phase des Liberalismus** eingeleitet wurde. Keller war ein entschiedener Verfechter dieses Liberalismus und in dieser Funktion nahm er an den Schweizer Sonderbundskriegen teil, aus denen die Schweiz als Bundesstaat mit einer bürgerlich-liberalen Verfassung hervorging.

Das 3. Kapitel enthält eine Textanalyse und verschiedene Interpretationsansätze, deren Gewichtung in der Darstellung und Bedeutung der Gattungsschwerpunkte und der Novellenstruktur zu suchen sind.

Romeo und Julia auf dem Dorfe – Entstehung und Quellen:

Die Novelle *Romeo und Julia auf dem Dorfe* entstand im Herbst 1847. 1856 wurde sie in der damals einbändigen Ausgabe der Sammlung *Die Leute von Seldwyla* als Mittelstück herausgegeben. Angeregt zur Erstellung wurde Gottfried Keller durch eine wahre Begebenheit, von der er durch eine Zeitungsnotiz erfuhr.

➪ S. 27 ff.

Inhalt:

Keller beschreibt in seiner Novelle *Romeo und Julia auf dem Dorfe* die Geschichte zweier zunächst befreundeter bäuerlicher Familien, die sich bewusst an dem Mittelstück zwischen ihren beiden Äckern bereichern. Sie sind sich darin einig, den schwarzen Geiger, den verarmten Besitzer des mittleren Ackers, um seine Habe zu bringen. Als einer der Bauern jedoch schließlich den mittleren Acker aufkauft, geraten sie in einen erbitterten Rechtsstreit, aus dem beide innerhalb von zehn Jahren völlig verarmt hervorgehen. Von dieser traurigen Wende sind die Kinder der Bauern, Sali und Vrenchen, unmittelbar betroffen. Bei einem Zusammentreffen der feindlichen Bauern mit ihren Kindern kommt es zu hasserfüllten Handgreiflichkeiten, an deren Ende Vrenchen und Sali sich die Hand reichen und erkennen, dass sie füreinander bestimmt sind. Auf dem Heimweg eines heimlichen Treffens der Verliebten begegnen sie Marti, Vrenchens Vater, der sich wütend auf seine Tochter stürzen will. In seiner Not ergreift Sali einen Stein und trifft Martis Kopf. Von diesem Tag an ist Marti schwachsinnig und muss bald darauf den Hof verlassen. Vrenchen kann den Hof allein nicht halten und muss sich nach

➪ S. 30 ff.

einem Dienst umsehen. Vorher wollen Sali und Vrenchen jedoch einmal fröhlich sein und im benachbarten Dorf Kirchweih feiern. Sie verleben miteinander einen erfüllten Tag, der, nachdem sie erkannt worden sind, im Paradiesgärtlein ausklingt, einem Treffpunkt des „Hudelvölkchens", angeführt vom schwarzen Geiger. Hier tanzen sie und versichern sich ihrer Liebe immer wieder neu. Da sie nicht wissen, wohin sie sich am Ende des Abends noch wenden sollen, schlägt Sali vor, in der Nacht gemeinsam Hochzeit zu feiern und dann aus dem Leben zu scheiden. Am Fluss löst Sali ein mit Heu beladenes Schiff. Von diesem Schiff aus gleiten die Liebenden im Morgenrot des frühen Herbstmorgens aneinandergeschmiegt den Strom hinab in den gemeinsamen Tod.

Chronologie und Schauplätze:

➪ S. 43 ff.

Die Handlung trägt sich hauptsächlich im **Dorf** zu, aus dem Sali und Vrenchen stammen. Weitere Schauplätze sind die Stadt **Seldwyla,** in der Salis Eltern eine Gaststätte eröffnen und Sali Schuhe für Vrenchen kauft, der **Wald,** verschiedene **Gaststätten,** der **Kirchweihplatz,** das **Paradiesgärtlein** und zuletzt der **Fluss.** Der Aufbau der Novelle ist dabei abschüssig und zeigt die sich letztlich stets verschlechternde Lage für Sali und Vrenchen auf.

Personen:

➪ S. 50 ff.

Das Personal der Novelle ist insgesamt überschaubar. **Manz** und **Marti** sind die Bauern, deren Feindschaft das Unglück ihrer Kinder **Sali** und **Vrenchen** auslöst. Als weitere wichtige Figur erscheint **der schwarze Geiger.** Er ist der rechtmäßige Besitzer des mittleren Ackers. Weil er von den Bauern um seinen Besitz gebracht worden ist, kommt ihm das daraus resultierende Unglück der Kinder gerade recht. Er ist es schließlich, der Sali dazu bringt, mit Vreni Hochzeit zu machen und danach aus dem Leben zu scheiden. Neben dem „Hudelvölkchen“ werden im Kontrast Figuren eingeführt, deren gutbürgerliches Leben anzeigt, wie das Leben der Liebenden unter anderen Bedingungen hätte verlaufen können.

Stil und Sprache Kellers:

Kellers Novelle folgt einem klaren Kompositionsprinzip. Zu ihren charakteristischen Stilmerkmalen zählen Bildlichkeit und Symbolsprache. Humorvolle Auflockerungen entlasten den Leser, beispielsweise verdeutlicht in den Tiervergleichen. Landschaftsschilderungen tragen im Wesentlichen zur Atmosphärenbildung bei. Auch Märchen- und religiöse Motive, Metaphern, Bildvergleiche und Symbole zeigen den Reichtum der Keller'schen Sprache. Bestimmte Farbnuancen (gold, rot) unterstreichen die Symbolhaftigkeit.

⇨ S. 60 ff.

Drei Interpretationsansätze werden angeboten:

Die Interpretationsansätze sind schwerpunktartig auf die Struktur der Novelle abgestimmt. Dies gilt für die älteren Analysebeispiele ebenso wie für die neueren analytischen Ansätze.

⇨ S. 66 ff.

- → Karl Roeder setzt sich mit der Novelle unter dem didaktischen Aspekt der unerhörten Begebenheit auseinander.
- → Walter Silz sieht in ihr ein exzellentes Beispiel des Erzählens im poetischen Realismus.
- → Thomas Koebner setzt sich mit ihr im Rahmen der Dorfgeschichte auseinander.

Gottfried Keller
1819–1890
© Richter/
Cinetext

2. GOTTFRIED KELLER: LEBEN UND WERK

2.1 Biografie

JAHR	ORT	EREIGNIS	ALTER
19. Juli 1819	Zürich, Am Neumarkt	Gottfried Keller wird als Sohn eines angesehenen Drechslermeisters geboren.	
1821	Zürich, Am Rindermarkt	Umzug der Eltern.	2
12. Aug. 1824	Zürich	Tod des Vaters Rudolf Keller. Seine Mutter Elisabeth Keller-Schleuchzer, geb. 1787 in Glattfelden, bleibt mit dem Sohn Gottfried und dessen drei Jahre jüngerer Schwester Regula mittellos zurück. Die zweite Ehe, die sie mit dem Altgesellen eingeht, wird nach kurzer Zeit wieder geschieden.	5
1833	Zürich	Keller tritt in die kantonale Industrieschule ein. Als mittellose Witwe kann seine Mutter ihm keine Privatschule bezahlen.	14
1834		Keller wird ungerechtfertigt wegen einer Schülerrevolte, an der auch andere mitgewirkt hatten, als Einziger von der Züricher Industrieschule verwiesen. Der Verweis bedeutet die vorzeitige Beendigung der Schullaufbahn. So bleibt er ohne abgeschlossene Schulausbildung. Der Wunsch, Landschaftsmaler zu werden, reift in ihm heran.	15
1834	Glattfelden	Keller verbringt den Sommer bei seinem Onkel, einem Bruder seiner Mutter.	15

JAHR	ORT	EREIGNIS	ALTER
1834	Zürich	Eintritt in die Lehre des Kunstmalers Peter Steiger.	15
1837	Zürich	Schüler des Zeichners Rudolf Meyer.	18
1840	München	Malstudien. Er verbindet diese Studien mit dem Wunsch, als erfolgreicher Künstler nach Hause zurückzukehren. Er wollte sich in den Stand setzen, für die Mutter und die Schwester finanziell aufzukommen. Aber der Erfolg stellt sich nicht ein. Es ist viel darüber spekuliert worden, ob mangelnde Begabung zum Maler oder die damals in Mode gewesene romantische Richtung in der Landschaftsmalerei seinem Erfolg entgegenstand. Die Ausstellungen seiner Bilder bringen dem jungen Keller keinerlei finanziellen Gewinn. Zwar bildet Keller sich durch Selbststudium weiter, ist aber gezwungen, Schulden zu machen, um seine materielle Not zu lindern. Seine Erfolglosigkeit soll er nicht selten wortstark und witzig als Zecher im Wirtshaus kompensiert haben.	21
1842–1848	Zürich	Keller beschäftigt sich weiter mit Malerei, er liest viel und schreibt erste Gedichte. Er schließt sich politisch der liberalen Bewegung an und knüpft Verbindungen zu den deutschen Emigranten in Zürich. (Follen, Freiligrath, Herwegh und Hoffmann von Fallersleben, Wilhelm Schulz).	23–29
1845	Zürich	Erscheinen seiner ersten Gedichte: *Lieder eines Autodidakten* im *Deutschen Taschenbuch* in Fröbels Literarischem Comptoir (Verlagsname).	26

JAHR	ORT	EREIGNIS	ALTER
1846	Zürich	*Gedichte von Gottfried Keller* erscheinen im Winter Verlag in Heidelberg.	27
1847	Zürich	Im *Bündner Kalender* wird die Erzählung *Die misslungene Vergiftung* abgedruckt. Keller wird einem größeren Schweizer Publikum bekannt.	28
1848	Zürich	Keller erhält ein Staatsstipendium für ein Jahr zur weiteren Ausbildung im Ausland.	29
1848–1850	Heidelberg	Keller wählt Heidelberg als Studienort. Er studiert bei Hettner, Feuerbach und Henle.	29–31
1849	Heidelberg	Verhandlungen mit seinem späteren Verleger Vieweg aus Braunschweig über Veröffentlichungen seiner literarischen Produktion beginnen.	30
1850	Berlin	Nach Ablauf des Stipendiums kehrt Keller nicht nach Zürich zurück. Er begibt sich nach Berlin, um seine Studien fortzusetzen.	31
1850–1855	Berlin	Unter äußersten Entbehrungen, Keller hat kein geregeltes Einkommen, entsteht ein Großteil seines Gesamtwerks: *Gedichte, Der grüne Heinrich* (Bildungsroman), Novellen aus dem Zyklus *Die Leute von Seldwyla.* Er begegnet im literarischen Salon der Varnhagens Betty Tendering, um die er vergeblich wirbt.	31–36
1851	Berlin	*Neuere Gedichte*, veröffentlicht bei Vieweg in Braunschweig.	32
Dez. 1853		Es erscheinen drei Bände des *Grünen Heinrich.*	34

JAHR	ORT	EREIGNIS	ALTER
1854		Die *Neueren Gedichte* gehen in die 2. Auflage.	35
Nov. 1855		Der 4. Band des *Grünen Heinrich* erscheint. Rückreise über Dresden in die Schweiz, nach der endgültigen Trennung von Betty Tendering.	36
1856	Zürich	Verkehr mit bedeutenden Persönlichkeiten wie Richard Wagner, Friedrich Theodor Vischer, Gottfried Semper, Rudolf Koller u. a. Erscheinen von *Die Leute von Seldwyla I* bei Vieweg. Als Mittelstück ist ***Romeo und Julia auf dem Dorfe*** enthalten.	37
1860	Zürich	In *Der Apotheker von Chamounix* (2. Fassung, 1. Fassung bereits 1853) entsteht eine Auseinandersetzung mit Heinrich Heines ironischer Kunst und mit der Romantik allgemein.	41
1861–1876	Zürich	*Das Fähnlein der sieben Aufrechten* (Novelle) erscheint in *Auerbachs Volkskalender*. Einstieg in einen gesicherten Brotberuf. Keller wird Staatsschreiber von Zürich, ein gut bezahltes, angesehenes Amt mit einer Dienstwohnung in bester Lage. Das Amt schränkt sein eigenes literarisches Schaffen stark ein.	42–57
1863		*Verschiedene Freiheitskämpfer*, ebenfalls in *Auerbachs Volkskalender.*	44
1864	Zürich	Tod der Mutter. Die Schwester übernimmt die Versorgung des Bruders.	45
1866	Zürich	Verlobung mit Luise Scheidegger, die sich im gleichen Jahr das Leben nimmt.	47

JAHR	ORT	EREIGNIS	ALTER
Juli 1869	Zürich	Ehrendoktorwürde zu seinem Geburtstag.	50
1872		Die *Sieben Legenden* erscheinen im Göschen-Verlag in Leipzig.	53
1873/1874		*Die Leute von Seldwyla II* erscheint ebenfalls bei Göschen.	54/55
8. Juli 1876	Enge	Ausscheiden aus dem Amt des Staatsschreibers. Verlegen des Wohnsitzes nach Enge bei Zürich seit 1875.	57
1876–1886	Enge	Keller überarbeitet im Wesentlichen sein literarisches Schaffen, das in regelmäßiger Folge neu erscheint.	57–67
1876/1877		Die *Züricher Novellen* erscheinen als Vorabdruck in der Zeitschrift *Deutsche Rundschau*.	57/58
1880		Erscheinen der 2., völlig umgestalteten Fassung des *Grünen Heinrich*.	61
1882	Zürich	Rückkehr aus Enge nach Zürich.	63
1886		*Martin Salander* erscheint.	67
6. Okt. 1888	Zürich	Tod der Schwester. Einsetzende Vereinsamung des Dichters.	69
1889		Erscheinen der *Sämtlichen Werke* (10 Bände) bei Hertz in Berlin.	70
15. Juli 1890	Zürich	Tod Gottfried Kellers vier Tage vor seinem 71. Geburtstag.	70

2.2 Zeitgeschichtlicher Hintergrund

ZUSAMMEN-FASSUNG

Der zeitgeschichtliche Hintergrund ist geprägt von der Abkehr der Restaurationsversuche des Fürsten Metternich, der nach dem Sieg über Napoleon das alte Europa wiederherstellen wollte. Doch die Freiheitsbestrebungen des Bürgertums erwiesen sich als stärker, sodass eine Phase des Liberalismus eingeleitet wurde. Keller war ein entschiedener Verfechter dieses Liberalismus. Er nahm als solcher an den Schweizer Sonderbundskriegen teil, aus denen die Schweiz als Bundesstaat mit einer bürgerlich-liberalen Verfassung hervorging.

Gottfried Keller wurde in einer Zeit der Umbrüche geboren. Seine Geschichtsepoche war begleitet von den restaurativen Bestrebungen des österreichischen Kanzlers Clemens Wenzel Fürst von Metternich (1773–1859), der eine Politik der Intervention und Restriktion betrieb, die sich gegen alle revolutionären Bestrebungen in Europa richtete. Er war der entscheidende Kopf des Wiener Kongresses 1815 gewesen, mit dem eine Rückkehr zur Herrschaft des alten Feudalsystems verbunden war, das durch die Französische Revolution 1789 und die Napoleonischen Kriege in Europa tiefgreifend erschüttert worden war. Der Erhebungskampf gegen Napoleon in Form der Freiheitskriege hatte zunächst einen Wandlungsprozess eingeleitet und zu bedeutenden gesellschaftlichen und geistigen Reformen geführt. Ein vertieftes Verständnis für die nationalen Werte, für die Freiheitsidee und ein sensibles Geschichtsbewusstsein waren die Folge. Eine leidenschaftliche Wende zu einer nationalen Idee propagierten Freiheitsdichter wie Ernst Moritz Arndt oder Heinrich von Kleist. Metternich sah in den Freiheitsbestrebungen

Reformen

jedoch vernunftlose Leidenschaft und gefährlichen Anarchismus. Mit der Heiligen Allianz, dem Bündnis zwischen Russland, Österreich und Preußen, schuf er ein Vertragswerk, in dem die Stellung der Fürsten als Familienväter im Sinne eines monarchischen und patriarchalischen Systems festgeschrieben wurde. Die Beschlüsse der Heiligen Allianz, der alte Bund von Thron und Altar, waren maßgeblich, als nach 1830 von Frankreich her eine Liberalisierung einsetzte, die von der Julirevolution ihren Ausgang nahm.

Vormärz

Kellers Aufenthalt in Deutschland fiel in diese Zeit, die als Vormärz (1830–1848) in die Geschichte eingegangen ist. In einzelnen deutschen Bundesstaaten hatten die Landesherren vor dem Hintergrund von Unruhen und Aufständen neuen Verfassungen zugestimmt, die bürgerlichen und bäuerlichen Kräften größeren Einfluss in politischen und wirtschaftlichen Fragen zubilligten. Allerdings waren solche Zugeständnisse selten von Dauer und wurden dort, wo die politische Macht des Landesherrn ausreichte, zu Ungunsten der bürgerlichen Liberalität beschnitten oder gar wieder zurückgenommen.

Göttinger Sieben

Solche Aktionen lösten Proteste aus, wie den sehr bekannten und folgenreichen Protest der sieben Göttinger Professoren, der sogenannten „Göttinger Sieben“ (1837), die gegen einen Verfassungsbruch des Königs von Hannover protestierten, daraufhin aber ihres Amtes enthoben wurden.

Insgesamt war diese Zeit zwar arm an äußeren politischen Ereignissen, sie gilt aber als eine Zeit der Vorbereitung auf die nationale, liberale und demokratische Bewegung in ganz Europa.

Kellers erste dichterische Erfolge

1842 nach Zürich zurückgekehrt, schloss sich Keller der liberalen Partei an und betätigte sich politisch. In den Kreisen der Nationalliberalen traf er auf deutsche Intellektuelle, die in die Schweiz emigriert waren, unter ihnen auch politische Dichter wie Georg Herwegh, Ferdinand Freiligrath und Hoffmann von Fallersleben, denen er bedeutende Förderung auch in seinem politischen Denken verdankte. Sie waren vor der Zensur ihrer kämpferischen und teilweise verbotenen Schriften aus Deutschland in die Schweiz geflohen. In dem damals berühmten Verlag des Schweizers Julius Fröbel (Fröbels Comptoire) in Zürich und Winterthur wurden ihre Schriften gedruckt und von dort verbreitet. Sie verstärkten Kellers dichterische Neigungen, indem sie ihm Anerkennung und Unterstützung zollten. Sie sorgten für den Druck seiner ersten Gedichtausgabe, die bei der Kritik große Anerkennung fand. Der Erfolg seiner Gedichte lag jedoch nicht ausschließlich in der politischen Lyrik. Keller veröffentlichte ebenso Natur- und Liebeslieder und äußerte sich zu den unterschiedlichsten menschlichen Problemen. Ihm gelang ein neuer, aufrüttelnder Ton.

Ziel: Erziehung der Menschen zur Humanität

Der literarische Erfolg machte es Keller leichter, seine Malerträume hintanzustellen und sich von nun an als Autor zu sehen. In der aufklärerischen politischen Erziehung seiner Mitbürger zur Humanität sah er seinen schriftstellerischen Auftrag.

Die Schweiz war in den Jahren 1846 und 1847 zwischen konservativen Föderalisten und liberalen Zentralisten gespalten. 1847 brach der Sonderbundskrieg aus, das letzte aufständische Ereignis vor dem Revolutionsjahr 1848, bei dem Keller durch Wort und Tat mitwirkte, indem er aktiv an den Märschen der Freischarzüge teilnahm.

Seit 1830 hatte die radikal-liberale Partei für einen straff organisierten Schweizer Bundesstaat gearbeitet. Die Mehrheit der Kantone, unterstützt von England und Frankreich, hatten sich zum „Sonderbund“ zusammengeschlossen. Durch den raschen militärischen Sieg der Mehrheitskantone über die konservativ katholische Minderheit setzte sich die liberale Staatsidee durch. Die Schweiz wurde zu einem Bundesstaat mit einer bürgerlich-liberalen bundesstaatlichen Verfassung.

Dieses Ereignis wurde in ganz Europa als Niederlage des alten Systems gefeiert. Im Gefolge dieses Siegs erhoben sich auch die zum Kaiserreich Habsburg gehörigen oberitalienischen Städte gegen Österreich. Der Sonderbundskrieg war zum Fanal für die Revolutionen des Jahres 1848 geworden.

These der Religion als Ideologie der Unsinnlichkeit

1848 bekam Keller, dessen Einfluss auf das liberale Denken seiner Mitbürger geschätzt wurde, ein Stipendium der Züricher Regierung und des Erziehungsrates für einen Auslandsaufenthalt zur weiteren geistigen Ausbildung und zur Förderung seines literarischen Talents. Ab Herbst 1848 bis zum Frühjahr 1850 studierte Keller in Heidelberg, vor allem bei dem Philosophen Ludwig Feuerbach, dem Anthropologen Jakob Henle und bei dem jungen Literaturhistoriker Hermann Hettner. Keller machte sich die Epoche machende These Feuerbachs zu eigen, der die Religion als Ideologie der Unsinnlichkeit sah. Der unsinnliche Mensch aber verschleudere seine irdischen Energien und Glücksmöglichkeiten an den Himmel. Die Vorstellung von der Vollkommenheit, Schönheit und Güte Gottes sei eine Projektion der im Menschen selbst schlummernden göttlichen Fähigkeiten. Gott sei also im Diesseits, in der Natur und im Menschen selbst zu suchen. Feuerbach bestärkte Keller in seinem Grundgedanken von der Natur als der einzigen und ewigen zuverlässigen Macht, durch die der Mensch sein Schicksal meistern und sich so zu einem geachteten Mitglied der Gesellschaft entwickeln kann. Natur schließt auch Kunst und Kultur ein, Politik und Gesellschaft. Natur ist alles Echte, Wahre, Dauernde, Notwendige. In ihr haben Krankhaftes, Gekünsteltes und Unwahres keinen Platz.

Aufgabe des Dichters ist es vor diesem Hintergrund, durch seine Dichtungen dem Menschen Einsichten und Erkenntnisse darüber zu ermöglichen, was seiner Natur gemäß sei, nämlich Humanität.

Gottfried Keller-Denkmal in Zürich, Schweiz © Cinetext

Grundzug der Lebensphilosophie Kellers ist daher, das durch Natur und Vernunft geforderte Vertrauen in die Menschheit zu stärken.[1]

Keller in Berlin

Nach Ablauf seines Stipendiums ging Keller nach Berlin. Erst im Winter 1855 kehrte er nach Zürich, in die Schweiz, zurück, wo die revolutionäre Bewegung einen Staat hervorgebracht hatte, in dem die Kantone souveräne Politik machen konnten und dem Volk wichtige Grundrechte zugestanden worden waren. Finanziell waren die Berliner Jahre erneut äußerst entbehrungsreich, literarisch dagegen sehr fruchtbar. In Berlin entstand ein großer Teil seines Gesamtwerks, zumindest im Entwurf.

1 Boeschenstein, Hermann: *Gottfried Keller. Realien zur Literatur*. Stuttgart: Sammlung Metzler, Band 84, 2. Aufl. S. 130–133

In Berlin schloss er auch entscheidende Freundschaften, u. a. mit Rodenberg, seinem späteren Verleger, Fanny Lewald, einer Schriftstellerin, Franz Duncker, einem Verleger, und dessen Nichte Betty Tendering, um die Keller warb, die ihn aber abwies.

Seit 1851 verlegte der Braunschweiger Verleger Vieweg Kellers *Neuere Gedichte*, den ersten Band der *Leute von Seldwyla* (1856) und die erste Fassung des Romans *Der grüne Heinrich* (1854/1855), ein Roman mit stark autobiografischen Zügen. Aber auch mit den Geldüberweisungen der Mutter und den Vorschüssen Viewegs konnte Keller sich in Berlin nicht durchbringen. Er musste verschuldet nach Zürich zurückkehren, wo ihm sein wachsender literarischer Ruhm Zugang zu Künstler- und Honoratiorenkreisen verschaffte. Es dauerte allerdings noch bis 1861, bis er das angesehene, gut bezahlte Amt eines Staatsschreibers in Zürich antreten konnte, auf das er sich auf Anraten von Freunden beworben hatte. Das Amt machte ihn zum Leiter der Staatskanzlei. Er war die oberste Urkundsperson für die Kantonsgeschäfte und Sekretär und Protokollführer der Regierung, somit in alle Verwaltungsakte und in jegliches politisches Geschehen involviert.

Keller zurück in Zürich

Es blieb ihm wenig Zeit für sein literarisches Schaffen. Im Wesentlichen vollendete oder überarbeitete er bereits Begonnenes, so die *Sieben Legenden* (1872), deren erste Fassung aus den Jahren 1857/1858 stammt. *Das Fähnlein der sieben Aufrechten,* ein Werk, das 1861 bereits erschienen war, wurde in die *Züricher Novellen* (1878) aufgenommen. Nach fünfzehnjähriger Amtszeit, die Keller stets große Anerkennung brachte, entschloss er sich 1876, als freier Schriftsteller zu arbeiten, und gab das Staatsamt auf. Er griff für seine literarische Arbeit nahezu durchgängig auf Entwürfe, Ausarbeitungen und Ideen seiner Frühzeit zurück, die er umarbeitete und seiner gereiften Vorstellung anverwandelte.

Vereinsamung

Nach dem Tod seiner Schwester 1888 sah sich Keller wachsender Vereinsamung und mangelnder Versorgung gegenüber, gepaart mit allmählichem körperlichem Verfall. Der von ihm gepflegte Briefwechsel mit zeitgenössischen Literaten wie Theodor Storm und Conrad Ferdinand Meyer brach ab. Keller starb am 15. Juli 1890.

2.3 Angaben und Erläuterungen zu wesentlichen Werken

ZUSAMMEN-FASSUNG

Gottfried Keller, der sich ursprünglich zum Maler berufen sah, ist unter anderem Autor zahlreicher Gedichte, Novellen und des berühmten Romans *Der grüne Heinrich.* Seine Novelle *Romeo und Julia auf dem Dorfe* erschien innerhalb des bekannten Novellenzyklus *Die Leute von Seldwyla.* Seine Werke machten Keller zu einem der wichtigsten Autoren des bürgerlichen Realismus.

Lieder eines Autodidakten

Den frühen Versen Kellers (1846 und 1851) hat A. A. L. Follen, einer von Kellers Herausgebern, den Titel *Lieder eines Autodidakten* gegeben. Wenn Keller sich auch an bekannte Formen anlehnt, die damals übliche poetische Sprache verwendet, so stimmen die Gedichte doch einen ganz eigenen, volkstümlichen Ton an. Bei aller Handwerklichkeit und Volkstümlichkeit ist Kellers Verskunst von leidenschaftlicher Erlebniskraft, die jenseits aller Form, aller Bilder,

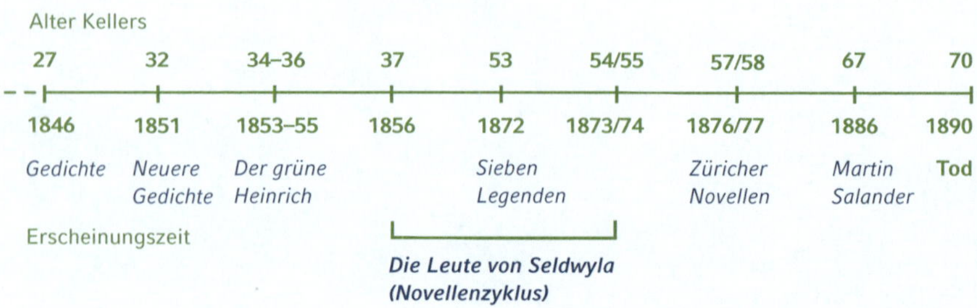

aller Wortkunst rein aus sich selbst lebt und wirkt. Kunstformen der Romantik werden oftmals ins Komische, Triviale oder Alltägliche gezogen. So wird zum Beispiel *Der kleine Romanzero* zu einer authentischen Literatursatire. Form ist für Keller Möglichkeit, Gedanken und Überzeugungen verständlich und eingängig vorzutragen. In seinem künstlerischen Werk geht es ihm um Klarheit, Einfachheit und vor allem um Wahrheit. Seine ungekünstelten Gedichte sind Ausdruck eines echten und natürlichen Gefühls.

Der Apotheker von Chamounix

Bei *Der Apotheker von Chamounix* (1. Fassung 1853, 2. Fassung 1860) handelt es sich um eine Romanze, eine Dichtung in Versform, vergleichbar der Romanzenstrophe mit vier Hebungen, wie Heinrich Heine sie in seinem bekannten *Romanzero* verwendet hatte. Die erste Fassung mit dem Untertitel *Der kleine Romanzero* ist zu Lebzeiten Kellers nicht veröffentlicht worden. Kurioserweise stehen neben den Strophen Prosaparaphrasierungen von Kellers Hand.

Die zweite veränderte Fassung von 1860 wurde nach Kellers Tod den *Gesammelten Gedichten* beigefügt.

Der grüne Heinrich

Der grüne Heinrich (1853–1855 erschien die 1. Fassung des Romans) ist ein stark autobiografisch geprägtes Werk. Die 1. Fassung setzt ein mit der Reise Heinrich Lees nach München, von wo er entmutigt und gescheitert nach Zürich zurückkehrt. Die Münchner Episoden werden von einer umfangreich gestalteten Rückblende auf Kindheit und Jugend des Helden unterbrochen. In der Retrospektive wechselt die Perspektive von der Er- in die Ich-Form. Erzählt wird vom frühen Tod des Vaters, vom Schulverweis und der Dürftigkeit einer bedrückenden Wirklichkeit. Heinrich lernt bei Verwandten auf dem Land Anna und Judith lieben, gegensätzliche Frauen, die eine blass vergeistigt, die andere sinnlich verlockend. Der junge Mann neigt sich der kränklichen Anna zu, löst sich aber nach deren Tod auch von Judith, die nach Amerika auswandert. Nach erfolgloser Zeit in München kehrt Lee nach Zürich zurück und findet seine

Mutter tot vor. Geplagt von Schuldgefühlen, fehlt ihm der Wille zum Weiterleben. Der Roman endet mit dem Tod Heinrich Lees.

Novellenzyklus *Die Leute von Seldwyla*

Der zweiteilige Novellenzyklus *Die Leute von Seldwyla*, 1856 bzw. 1873/1874 erschienen, versammelt wackere und komische Gestalten in einer imaginären Schweizer Kleinstadt und betrachtet sie mit oft ironischem Blick. Den ersten Teil dominiert ein tragischer Ton, der aus der dargestellten Verkehrung humaner Erwartungen resultiert. Musterbeispiel hierfür ist die Novelle ***Romeo und Julia auf dem Dorfe***, in der die Liebe und das Glück Vrenchens und Salis an der Besitzgier und am Hass ihrer streitenden Väter zerbrechen. An die Stelle erfüllter Liebe rückt der Tod der Liebenden.

Mit *Die Leute von Seldwyla* entwirft Keller ein realistisches Modell menschlicher Existenzformen aus der Perspektive des wirklichen oder zumindest stets möglichen Scheiterns. Die positive Wende in der den ersten Teil einleitenden Novelle *Pankraz der Schmoller* bleibt ein uneingelöstes, ironisch eingeschränktes Versprechen.

Seine wichtigsten literarischen Arbeiten hat Keller in seiner ersten Schaffensphase von 1850 bis zu seiner Berufung zum Staatsschreiber 1861 konzipiert. Nach Niederlegen des Staatsschreiberamtes griff er viele Themen wieder auf. Die Bearbeitungen zeigen das Anliegen Kellers, volkserzieherisch, didaktisch zu wirken. Beispielhaft hierfür ist die zweite Fassung des Romans *Der grüne Heinrich* von 1879/1880, der nicht mit dem Tod Heinrich Lees' endet, sondern ihn zum tätigen, vorbildlichen Bürger macht, der sich für das Gemeinwohl einsetzt. Aus München zurückgekehrt, findet er die Mutter zwar dem Sterben nahe, kann aber seine Schuldgefühle ihr gegenüber durch die Übernahme eines Amts und das Einlösen der Sohnespflichten abtragen. Mit der aus Amerika zurückgekehrten Judith verbindet ihn weiterhin eine tiefe Freundschaft.

Sieben Legenden

Eine Sonderstellung nehmen die *Sieben Legenden* (erschienen 1872) ein. Sie sind pointierte Kontrafakturen der 1804 erschienenen *Legenden* des protestantischen Pfarrers Kosegarten. Die ursprünglich geistliche Aussage wird verweltlicht. Dadurch entsteht ein Bekenntnis zur Sinnlichkeit. Gestaltet wird die Überzeugung, dass der Mensch nicht auf Dauer gegen seine sinnliche Bestimmung handeln kann. Hier zeigt der Einfluss der Philosophie Feuerbachs auf Keller seinen Niederschlag, die Idee einer Welt, die vom Menschen vernünftig eingerichtet werden kann, wenn er die ihm selbst innewohnende Humanität erkennt und danach lebt.

Die *Sieben Legenden* sind novellistische Miniaturen. In *Eugenia* zum Beispiel weigert sich die Frau, ihre Weiblichkeit zu akzeptieren. Sie möchte sich ganz dem Geistigen verschreiben. Deshalb geht sie als Mann getarnt ins Kloster und stiftet als Abt heillose Verwirrungen, die schließlich nur dadurch gelöst werden können, dass sie sich vor dem Mann enthüllt, den sie insgeheim liebt und der ihre weibliche Identität ironisch in Frage stellt. Was mit der Hinwendung zum Himmlischen begann, endet mit der Hingabe an das Irdische.

1873/1874 erschien die von fünf auf zehn Novellen erweiterte und umstrukturierte Ausgabe der *Leute aus Seldwyla.* Die Novelle *Kleider machen Leute* leitet den zweiten Teil dieser Sammlung ein.

Züricher Novellen

Die *Züricher Novellen* (1876/1877 im Vorabdruck erschienen) bestehen aus fünf Novellen und einer Rahmengeschichte. Sie sind didaktisch angelegt und von optimistischer Grundhaltung. Zwar durchziehen auch dunkle Motive die einzelnen Stücke, aber das Gute behält aus der Kraft humanen Verhaltens die Oberhand.

Das Sinngedicht

Der Erzählzyklus *Das Sinngedicht* erschien 1881 in der *Deutschen Rundschau,* einer vom Bildungsbürgertum der Zeit viel gelesenen Zeitschrift. Keller verarbeitet dort, wie im *Grünen Heinrich*, autobiografische Erfahrungen. Die Erzählungen kreisen um die Begegnung der Geschlechter im Zeichen der Partnerwahl. Im Erzählprozess nähern sich die Paare einander an, indem sie einander zuhören,

Gesagtes in Frage stellen, Vorbehalte äußern und sich gegenseitig ernst nehmen. Keller widmet sich hier sehr früh dem Gedanken der Emanzipation, der geistigen Gleichwertigkeit der Geschlechter, ohne real existierende Unzulänglichkeiten zu verschweigen.

Martin Salander

In seinem letzten Werk *Martin Salander*, 1886 erschienen, nimmt Keller sich der durch den wachsenden Kapitalismus inhumanen gesellschaftlichen Veränderungen an. Er spiegelt sie in den profit- und karrieresüchtigen Schwiegersöhnen des integren Kaufmanns Martin Salander. Die düstere Aussage des Werks betont, dass keine noch so humane Erziehung sich gegen die Unmoral modernen Wirtschaftslebens, die Ausrichtung auf materiellen Gewinn und gegen radikales Profitstreben durchzusetzen vermag.

3. TEXTANALYSE UND -INTERPRETATION

3.1 Entstehung und Quellen

ZUSAMMENFASSUNG

Die Novelle *Romeo und Julia auf dem Dorfe* entstand im Herbst 1847. 1856 wurde sie in der damals einbändigen Ausgabe der Sammlung *Die Leute von Seldwyla* als Mittelstück herausgegeben.

Grundlage: eine wahre Begebenheit

Wie es zu *Romeo und Julia auf dem Dorfe* kam, stellte Keller selbst in Tagebuchnotizen und in einer Vorbemerkung klar. In der *Züricher Freitagszeitung* Nr. 96 vom 3. September 1847 stand unter der Rubrik *Sachsen* folgende Notiz:

> „Im Dorfe Altsellerhausen bei Leipzig liebten sich ein Jüngling von 19 Jahren und ein Mädchen von 17 Jahren, beide Kinder armer Leute, die aber in tödlicher Feindschaft lebten und nicht in eine Verbindung des Paares willigen wollten. Am 15. August begaben sich die Verliebten in eine Wirtschaft, wo sich arme Leute vergnügen, tanzten da selbst bis nachts ein Uhr und entfernten sich hierauf. Am Morgen fand man die Leichen beider Liebenden auf dem Felde liegen: Sie hatten sich durch den Kopf geschossen."[2]

Diese nüchterne Zeitungsnotiz hat Keller zu seiner Novelle angeregt, mit deren Niederschrift er noch im September, dem Erscheinungsmonat seiner Quelle, begann. Eine Tagebuchnotiz klärt

2 Emil Ermatinger: *Gottfried Kellers Leben*. Stuttgart, 1924, S. 356

darüber auf, dass die Anfangssituation, die pflügenden Bauern auf ihren Äckern, der herrenlose mittlere Acker und die von ihm abgerissenen Furchen, bereits gefunden war.

Bezug zu Shakespeares Tragödie *Romeo und Julia*

Der Bezug zu William Shakespeares Tragödie *Romeo und Julia* wird von Gottfried Keller gleich zu Beginn der Novelle deutlich ausgesprochen, wenn er schreibt:

> „Diese Geschichte zu erzählen würde eine müßige Nachahmung sein, wenn sie nicht auf einem wirklichen Vorfall beruhte, zum Beweise, wie tief im Menschenleben jede jener Fabeln wurzelt, auf welche **die großen alten Werke gebaut** sind. Die Zahl solcher Fabeln ist mäßig; aber stets treten sie in neuem Gewande wieder in die Erscheinung und zwingen alsdann die Hand, sie festzuhalten.“[3]

Anklänge an Shakespeares Tragödie durchziehen den Text. Nachtigall und Lerche begleiten die Liebenden beispielsweise bei Keller ebenso wie bei Shakespeare und leiten die Wende ein. Keller aber hat keine Kopie Shakespeares angefertigt. In einem Brief an Heinrich Hettner vom 26. Juni 1854 äußert er sich zur Originalität wie folgt:

> „[...] Mit einem Wort: Es gibt keine individuelle souveräne Originalität und Neuheit im Sinne der Willkürgenies und eingebildeten Subjektivisten [...]. Neu in einem guten Sinne ist nur, was aus der Dialektik der Kulturbewegung hervorgeht [...].“[4]

---

3 G. Keller: *Romeo und Julia auf dem Dorfe*, RUB (3, 1–7)
4 Ermatinger, S. 346

Keller transponiert den Stoff, der im städtisch feudalen Milieu des italienischen Stadtstaats Verona spielt, in die bäuerliche Welt der Schweiz. Die Stadt Seldwyla, um die sich der Novellenzyklus rankt, spielt immer wieder in den Geschehensablauf hinein. An ihr wird die Gutbürgerlichkeit gemessen, in ihr kauft Sali die Schuhe für Vrenchen.

Während die verfeindeten Familien bei Shakespeare mit vielen Personen und einigem Gefolge gegeneinander antreten, kommt Keller mit sehr wenigen Personen aus. Die Feindschaft der Familien konzentriert er auf die Väter. Sie wird zur Grundlage der Lebenskatastrophe der Kinder, eingebettet in die Landschaft und Natur der Schweiz.

3.2 Inhaltsangabe

ZUSAMMEN-FASSUNG

Keller beschreibt in seiner Novelle *Romeo und Julia auf dem Dorfe* die Geschichte zweier zunächst befreundeter bäuerlicher Familien, die sich an dem Mittelstück zwischen ihren beiden Äckern bereichern. Sie sind sich darin einig, den verarmten Besitzer dieses Ackers, den schwarzen Geiger, um seine Habe zu bringen. Als es um den Rest des noch vorhandenen Besitzes geht, geraten die Bauern in einen erbitterten Rechtsstreit, aus dem beide völlig verarmt hervorgehen. Von dieser traurigen Wende sind die Kinder der Bauern, Sali und Vrenchen unmittelbar betroffen. Bei einem Zusammentreffen zwischen den Bauern mit ihren Kindern kommt es zu Handgreiflichkeiten, an deren Ende Vrenchen und Sali erkennen, dass sie füreinander bestimmt sind. Auf dem Heimweg von einem geheimen Treffen begegnen Sali und Vrenchen Marti, Vrenchens Vater, der sich vor Wut auf seine Tochter stürzen will. In seiner Not ergreift Sali einen Stein und trifft Martis Kopf. Von diesem Tag an ist Marti schwachsinnig und muss bald darauf den Hof verlassen. Vrenchen kann nicht allein auf dem Hof bleiben und will sich deshalb nach einem Dienst umsehen. Vorher aber wollen Sali und Vrenchen einmal im benachbarten Dorf Kirchweih feiern und beim Tanz fröhlich sein. Sie verleben einen erfüllten Tag, der, nachdem sie erkannt worden sind, im Paradiesgärtlein ausklingt, angeführt vom schwarzen Geiger. Hier tanzen sie und versichern sich ihrer Liebe. Da sie nicht wissen, wohin sie sich am Ende des Abends wenden sollen, schlägt Sali vor, in der Nacht Hochzeit zu machen und dann gemeinsam aus dem Leben zu scheiden.

Am Fluss löst er ein mit Heu beladenes Schiff vom Anker. Von diesem Schiff aus gleiten die beiden im Morgenrot des frühen Herbstmorgens aneinandergeschmiegt den Strom hinab in den gemeinsamen Tod.

Ausgangssituation

Die beiden befreundeten Bauern Manz und Marti arbeiten in einer ländlichen Idylle, während ihre Kinder Sali und Vrenchen miteinander spielen.

Nach einer knappen Vorbemerkung wird der Leser in die bäuerlich bestimmte Landschaft geführt, in der die beiden Bauern, Manz und Marti, nachbarlich freundschaftlich miteinander verbunden, ihre durch einen herrenlosen Mittelacker getrennten Äcker pflügen. Sie arbeiten gegenläufig, sodass sie am jeweils anderen Ende ihrer Äcker die Pflugschar wenden und ihre zur Bauerntracht gehörigen Zipfelkappen durch die veränderte Windrichtung in die entgegengesetzte Richtung umschlagen, wobei sie für eine kleine Weile senkrecht in der Luft stehen.

Erscheinung zeugt von Wohlhaben

Ihre Erscheinung zeugt von Wohlhaben, ihre Arbeitsweise von Fleiß und Festgefügtsein in der bäuerlichen Tradition. Erst als ein Wägelchen herannaht, geführt von ihren Kindern, Manzens Sohn Sali und Martis Tochter Vrenchen, sieben und fünf Jahre alt, unterbrechen sie ihre Arbeit, um das von den Kindern angekarrte Frühstück einzunehmen und einige Worte miteinander zu wechseln.

Einführung des mittleren Ackers und des schwarzen Geigers

Ihr Gespräch dreht sich um den mittleren, verwilderten Acker, auf dem Steine hoch aufgetürmt liegen und mannshohes Unkraut in Blüte steht. Dieser Acker hat zwar keinen gesetzlich anerkannten Eigentümer, aber das Gespräch der beiden macht deutlich, dass sie sehr wohl wissen, wer rechtmäßig Anspruch auf ihn erheben könnte, nämlich der schwarze Geiger. Ihm fehlen jedoch Taufschein und Papiere, um seine Identität als Enkel des verdorbenen Trompeters, dem der Acker einmal gehört hat, nachweisen zu können.

Die Bauern sind sich auch darin einig, dass sie den Behörden bei der Ermittlung des rechtmäßigen Erben nicht helfen wollen (vgl. 30, 31 ff./R 38, 13 ff.), obwohl dessen Familienähnlichkeit eigentlich Beweis genug sein müsste, selbst wenn die behördlichen Bescheinigungen fehlen.

Bereicherung am mittleren Acker

Währenddessen haben sich die Kinder auf den verwilderten Acker zurückgezogen. Dort treibt Sali ein destruktives Spiel mit Vrenchens einbeiniger Puppe, die von ihr mit wilden Blumen und Blättern liebevoll geschmückt worden war. Er ruht nicht eher, bis er ihren Rumpf zerstört und die Kleiefüllung herausgeschüttelt hat, die Tränen des Mädchens zunächst nicht beachtend. Schließlich beteiligt sich Vrenchen selbst an dem Zerstörungswerk. Gemeinsam sperren sie in den abgerissenen, hohlen Puppenkopf ein Insekt und begraben das so präparierte Haupt unter einem Steinhaufen. Danach widmen sie sich dem gegenseitigen Zähnezählen, worüber sie in der Mittagssonne einschlafen. Inzwischen sind die Felder gepflügt, doch bevor man heimzieht, schneidet jeder der Bauern eine breite Furche vom mittleren Acker ab, die er dem seinen zuschlägt.

Es vergehen drei weitere Jahre, in denen die Kinder heranwachsen. Der mittlere Acker ist derweil zu einem Steindamm zusammengeschrumpft, von dem sich die Kinder in der Erntezeit gelegentlich gegenseitig hinabstoßen. Nun steht der verwilderte Acker zum Verkauf. Beide Bauern versuchen, ihn zu ersteigern.

Eskalationskette

Wegen des mittleren Ackers entflammt ein Streit, der zur schlimmen Feindschaft der Bauern führt.

Manz überbietet schließlich Marti und bekommt den Acker zugeschlagen. Im folgenden Gespräch macht Manz Marti deutlich, dass er von ihm die Rückgabe eines Dreiecks erwartet, das dieser am unteren Acker abgeschnitten und ihm so eine „ungehörige Einkrümmung" (HL 10,38/R 13,3) zugefügt habe, die er weder brauchen noch dulden wolle. Der Streit ist entflammt. Blicklos geht man auseinander.

Streit beginnt

Schon der nächste Tag bringt eine Steigerung: Manz schickt seinen Sohn Sali mit Helfern auf den Acker, damit sie auf dem neu erworbenen Stück Unkraut jäten und das Gestrüpp entfernen. Vrenchen kommt hinzu, um zu helfen, und gemeinsam verbrennen sie den gejäteten Haufen. Das Freudenfest der Kinder aber, das sie auf dem Acker veranstalten, wird brutal durch Ohrfeigen für Vrenchen von ihrem Vater Marti beendet. Am nächsten Tag lässt Manz die Steine vom Acker sammeln, doch statt sie abtransportieren zu lassen, gibt er Weisung, sie auf dem strittigen Dreieck zu einer gewaltigen Pyramide aufzutürmen.

Streit eskaliert zum Prozess

Bei der Entdeckung der Steinpyramide ruft Marti den Gemeindeamman an, um gerichtlich dagegen vorzugehen. Von diesem Tag an prozessieren die beiden Bauern miteinander. Sie haben daher in den folgenden zehn Jahren fortlaufend Geldverluste. Ihre Sitten verfallen, indem sie ihre Zeit in unterschiedlichen Spelunken der Stadt verbringen, wo sie ihren gegenseitigen Hass schüren, statt ihrer Landarbeit nachzugehen. Binnen zehn Jahren sind sie vollständig verarmt. Vrenchens Mutter stirbt aus Kummer über diese Entwicklung, während Salis Mutter sich den veränderten Bedingungen anpasst. Wie ihr Mann Manz lässt sie die Zügel schießen. Falschheit wird ihre hervorstechende Eigenschaft, sie ist die „dickste(…) Blüte (…) des zerfallenden Hauses." (HL 15, 6 f./R 18, 18 f.) Auch um die Kinder ist es schlimm bestellt, denn sie sehen nichts als Zank und Ärger. Zur Feindschaft gegeneinander sind sie gezwun-

Verfall bis zur Verarmung

gen. Auf eine positive Zukunft können sie nicht hoffen. Obschon Vrenchen zu einer Schönheit heranreift und im Kern voller Lebenslust ist, hat sie kaum Freude, zumal der Vater keinerlei Mittel für ihr Bedürfnis nach ordentlicher Kleidung beisteuert.

Sali, der zu einem stattlichen Burschen herangewachsen ist, ergeht es nicht viel besser. Zwar genießt er erhebliche Freiheiten und kann sich der falschen Schmeicheleien seiner Mutter sicher sein, aber er hat nichts Rechtes vor sich und ist seines Lebens nicht recht froh (HL 16, 14 ff./R 22, 12 ff.). Auf Vrenchen verschwendet er keinen Blick. Sie hält sich in der Regel von aller Gesellschaft fern und versucht, die verkommene Wirtschaft nach ihren Kräften zu meistern.

Salis Familie muss den Hof aufgeben

Im zwölften Streitjahr muss Manz Haus und Hof verlassen. Er siedelt mit seiner Frau und Sali nach Seldwyla um, wo er Pachtwirt in einer verkommenen, ärmlichen Spelunke wird. Seine Frau unterstützt ihn, indem sie eine ungeschickt angestrengte Anmut als Wirtin hervorkehrt, die auf eine eher peinliche Weise Gäste anlocken soll. Die Umstände und das Verhalten der Eltern aber verstimmen den Sohn, der über Vater und Mutter weint. (HL 19, 41 ff/R 24, 18 ff.)

Auch Vrenchens Familie ist wenig geblieben

Mit Freude hat Marti die traurige Entwicklung seines Todfeindes beobachtet. Er ist zwar auf dem Land zurückgeblieben, aber sein Hof ist nahezu vollständig verfallen. Nur wenige Äcker sind ihm noch geblieben. Wie Sali und sein Vater verlegt er sich auf das Fischen in den Flüssen und Bächen, eine Tätigkeit, die von solchen Einwohnern Seldwylas ausgeübt wird, die ohne Einkommen sind und sich auf diese Weise kümmerlich zu ernähren suchen. Vrenchen muss ihn bei dieser Tätigkeit begleiten. Gehorsam trägt sie Gerät und Eimer dem Vater nach, während die Arbeit zu Hause liegen bleibt.

An einem Abend, während eines Gewitters, begegnen sich die Väter und Kinder auf den gegenüberliegenden Uferseiten am Bach. Die Männer schleudern sich wüste Beschimpfungen zu, während Sali einen neugierigen und verwunderten Blick auf Vrenchen wirft, die beschämt und verwirrt zur Erde blickt. Über einen hölzernen Steg eilen die Väter aufeinander zu und schlagen aufeinander ein. Sali eilt seinem Vater zu Hilfe, er will dazu beitragen, dem verhassten Marti den Garaus zu machen. Aber auch Vrenchen wirft alle Gegenstände von sich und umklammert ihren Vater, um diesen zu schützen. Daraufhin versucht Sali unwillkürlich, den Vater vom Gegner zu entfernen. Dabei berührt er Vrenchen, die ihn kurz anlächelt und in der er das ihm aus seiner Kindheit vertraute Gesicht erkennt. Mit großer Eindringlichkeit bringt er endlich seinen Vater von Marti ab und im Weggehen geben sich die jungen Leute, von den Alten unbemerkt, die Hände.

Eskalation des Hasses der Väter

Verständnis der Kinder füreinander

Widerstand

Inmitten des verbitterten Hasses ihrer Familien verlieben sich Sali und Vrenchen ineinander.

Von diesem Augenblick an schwelgt Sali in Gefühlen der Glückseligkeit und fühlt sich „so reich und wohlgeboren wie ein Königssohn. Er sah fortwährend das sekundenlange Lächeln des nahen schönen Gesichts und erwiderte dasselbe erst jetzt (...).“ (HL 24, 40 ff./R 30, 24 ff.) Weil er fortan nur noch an Vrenchen denken kann, entschließt er sich, aus der Stadt in sein altes Dorf zurückzugehen, um Vrenchen zu sehen. Unterwegs begegnet er Marti, der auf dem Weg in die Stadt ist. Sein Hass ist einer großen Furcht und einer Scheu gewichen. Es ist ihm recht, den Alten aus dem Dorf zu wissen, dennoch möchte er ungesehen bleiben, während er sich dem Haus nähert, über dessen Heruntergekommenheit er sich trotz seiner eigenen

Liebe zwischen Sali und Vrenchen

Erfahrungen verwundert. Längere Zeit steht er gedankenversunken gegenüber der Haustür, dann erscheint Vrenchen, die Sali bemerkt. Ins Haus will sie ihn nicht lassen, aber da auch sie Sali nicht mehr vergessen konnte, verabredet sie sich mit ihm auf dem verwilderten Acker.

Heimliches Treffen der Kinder mit Folgen

Es ist ein schöner Hochsommertag im Juli. In weniger als einer Viertelstunde ist Vrenchen Sali nachgekommen und sie spazieren glücklich Hand in Hand, zunächst am Feldrain entlang bis zum Fluss hinunter und wieder zurück, still, ohne viel zu reden.

Der schwarze Geiger

Dann entdecken sie plötzlich, dass der schwarze Geiger vor ihnen hergeht, die Geige unterm Arm, auf dem Weg ins Dorf, wo er zum Fest des Erntesegens aufspielen wird. Sie wären gern unbemerkt geblieben, doch wie in einem Bann folgen sie ihm. Als der Steinhaufen auf dem strittigen Ackerzipfel erreicht ist, wendet er sich den beiden zu. Er macht deutlich, dass er um ihre Herkunft weiß, und wirft ihnen das Unrecht vor, das ihre Väter an ihm begangen, ehe er sich dazu versteigt, ihnen seine Freude über ihr Unglück zu zeigen und ihre Perspektivlosigkeit für die Zukunft zu betonen (HL 30, 15 ff./R 37, 23 ff.). Niedergeschlagen und mutlos bleiben die beiden zunächst zurück, doch in Erinnerung an die große Nase des schwarzen Geigers kehrt Vrenchens Freude zurück. Sali erfreut sich an der Schönheit Vrenchens, gesteht ihr seine unerschütterliche Liebe, die Vrenchen ebenso heftig erwidert, und nachdem Vrenchen einen Kranz aus rotem Mohn gewunden und sich auf den Kopf gesetzt hat, ziehen sie sich ins Kornfeld zurück, horchen dem Gesang der Lerchen und spielen mit dem Gedanken, einmal Mann und Frau zu sein.

Endlich drängt Vrenchen zur Heimkehr. Als sie jedoch aus dem Feld heraustreten, steht Marti vor ihnen, der, als er Sali auf dem Weg in die Stadt begegnet war, von Misstrauen geleitet, ins Dorf zurückgekehrt ist. Nachdem er Vrenchen zu Hause nicht angetroffen hatte, hat er sich zum Acker aufgemacht und dort Vrenchens Korb gefunden. Als er die beiden erblickt, stürzt er sich auf die Tochter, ohrfeigt sie so heftig, dass der Kranz vom Kopf fliegt, und reißt sie an den Haaren fort. Sali ergreift einen Stein und schlägt ihn dem wütenden Marti an den Kopf, sodass Marti zusammenbricht. Zuerst glaubt Vrenchen ihren Vater von Sali erschlagen, doch als sie zusammen feststellen, dass er noch atmet, hindert sie Sali daran, Hilfe aus dem Dorf zu holen. Sie möchte, dass Sali mit dem Geschehen nicht in Verbindung gebracht wird, und schickt ihn mit dem Versprechen fort, über den Tathergang zu schweigen und nur kurz im Dorf Bescheid zu sagen.

Sali wirft einen Stein nach Marti

Marti jedoch ist von diesem Tage an „blödsinnig" (HL 35, 32/ R 44, 23), er kann sich an nichts mehr erinnern, und die Ursache für seinen Zustand bleibt unentdeckt. Körperlich erholt er sich zwar unter den pflegenden Händen Vrenchens, doch sie kann ihn nicht aus den Augen lassen. Außerdem steht die Verpfändung der letzten Überbleibsel der Habe unmittelbar bevor. Der Prozess ist zu seinem Ende gekommen und verloren. Die Gemeinde verfrachtet Marti in eine Anstalt der Stadt. Vrenchen begleitet den Vater dorthin und kehrt danach allein ins Haus zurück, das sie laut Gerichtsurteil nach zwei Tagen verlassen muss.

Marti wird „blödsinnig"

Sali indes hat sich bis dahin nicht in Vrenchens Nähe gewagt. Doch als das Mädchen nun voll Sehnsucht nach ihm allein im Haus ist, tritt er durch die offene Tür herein. Überglücklich fallen sie sich in die Arme und tauschen sich über ihr Elend aus. Salis Eltern gewähren in ihrer Taverne inzwischen Hehlern und Gesindel Unterschlupf, dies und die Gewissensnot haben Sali elendig gemacht. Vrenchen wird in Dienst treten müssen. Die jungen Leute offenbaren sich gegenseitig ihre Not und Perspektivlosigkeit, versichern sich aber immer wieder heftig ihrer Liebe und verbringen die Nacht gemeinsam in der Küche, endlich auf dem Herd einschlafend.

Hoffnung

Einmal wollen die verarmten, verliebten Kinder fröhlich sein und auf der Kirchweih miteinander tanzen.

Am nächsten Morgen wünscht sich Vrenchen, nur einmal, bevor sie eine neue Bleibe suchen muss, mit Sali lustig zu sein und so zu tanzen, wie sie es im Traum getan hat.

Planung des Besuchs auf dem Kirchweihfest

Deshalb schmieden die beiden den Plan, in einem benachbarten Dorf das Kirchweihfest zu besuchen. Immer wieder tauchen Zweifel am Gelingen des Plans auf, denn es fehlt an Geld und auch die Schuhe zum Tanzen fehlen dem Mädchen. Sali aber löst die Probleme. Er versetzt seine silberne Uhr, die ihm noch geblieben ist, und ersteht für Vrenchen in Seldwyla feine Lederschuhe, für die er an ihrem Fuß Maß genommen hat. Sie wollen sich tags darauf um elf Uhr am Fluss treffen.

Als Sali den Verkauf der Uhr und den Kauf der Schuhe in Seldwyla erledigt hat, kehrt er nach Hause zurück und staffiert sich am nächsten Morgen so fein wie möglich aus. Die Mutter steuert ein großes schwarzes Mailänder Halstuch mit rotem Rande bei, denn sie vermutet, dass Sali auf Brautschau geht. Den Gulden, den der Vater ihm geben will, weist er zurück. Er nimmt Abschied von den Eltern und macht sich auf den Weg zum Fluss. Doch unterwegs verwirft er den ausgemachten Zeit- und Treffpunkt und geht sofort zu Vrenchen, die er in einem schlichten blauen Kleid, geschmückt mit den letzten Blumen aus dem Garten, erwartungsvoll vorfindet. Nach einer stürmischen Begrüßung und der Schuhprobe will er sogleich aufbrechen, doch muss Vrenchen erst noch auf die Bäuerin warten, der sie ihr Bett verkauft hat. Als diese kommt, die beiden Verliebten vorfindet und Sali erkennt, erfindet Vrenchen aus dem Stegreif eine fantastische Geschichte. Sie behauptet, Sali habe hunderttausend Gulden in der Lotterie gewonnen und davon bereits die schönste Villa in Seldwyla gekauft. Er werde sie heiraten und in diesem Haus würden sie als wohlhabende Bürger leben. Sie bäte sich gegen gutes Entgelt allerdings von der Bäuerin aus, sie häufig in der Stadt zu besuchen und die Waren, die sie auf den Markt trage, zuerst ihr anzubieten. Bei dieser Gelegenheit wolle sie die Bäuerin gut verköstigen und ihr für die Kinder Geschenke mitgeben.

Die Bauersfrau reagiert erfreut und geschmeichelt, zieht dann aber mit dem Bett und einem Bündel Vrenchens davon, das sie verwahren soll. Nun verschließt das Paar das Haus; den rostigen Schlüssel hängt Vrenchen an die Hellebarde des Ahnherrn, die verrostet im Garten steht, und beide verlassen Hand in Hand das Dorf.

Im Gasthaus

Im Gasthaus des ersten Dorfs bestellt Sali ein Frühstück. Die Wirtin hält die beiden für ein glückliches junges Liebespaar und Vrenchen fühlt sich in der schönen Atmosphäre des Gasthauses und seiner Besitzer sehr wohl. Verabschiedet von den Wirtsleuten, durchwandern beide danach stundenlang einen Eichenwald und sind glücklich. Die Vergangenheit und Zukunft vergessend, verharren sie dort, wo es ihnen gefällt. Sie durchleben „alle Manieren und Stimmungen der Liebe“ (HL 48, 35 f./R 61, 20 f.). Mittags steigen sie in ein Dorf hinunter und kehren wiederum zu einem Mahl in ein Gasthaus ein. Auch dort werden sie für ein Brautpaar gehalten und sehr zuvorkommend von der Wirtin behandelt, während die Kellnerin, mürrisch und neidisch auf den Brautstand Vrenchens, ihre Wohlanständigkeit anzweifelt.

Auf dem Kirchweihplatz

Dann aber betreten sie den Kirchweihplatz. Sali macht Vrenchen ein Lebkuchenhaus zum Geschenk, Vrenchen schenkt Sali ein Herz, beidseitig geschmückt mit einem Spruch. Heimlich kauft jeder einen Ring zum Geschenk für den andern. Als sie sich aber plötzlich von vielen Bekannten aus ihrem Dorf umringt und angestarrt sehen, verlassen sie den Kirchweihplatz. Niedergedrückt will Vrenchen nun auf das Tanzen verzichten, doch Sali weiß

Im Paradiesgärtchen

einen Ausweg. Er schlägt vor, im „Paradiesgärtchen“ (HL 53, 26/R 67, 23) zu tanzen, einer am Berghang gelegenen offenen Waldschänke, in der sich die armen Leute sowie das fahrende Volk, das „Hudelvölkchen“ (HL 55, 15/R 69, 33), vergnügen. Dort treffen sie wieder auf den schwarzen Geiger, unter dessen Schutz sie sich nach dem ersten Schrecken über diese Begegnung gestellt fühlen. Hier tanzen sie unentwegt, miteinander und mit anderen, stets versichern sie sich ihrer Liebe neu, und als die Nacht gekommen ist, wissen sie nicht, wo sie bleiben können. An eine Trennung mögen sie nicht denken.

Enttäuschung und Zuspitzung zur Katastrophe

Für die Liebe der Kinder bleibt kein anderer Ort mehr als der Tod.

Entscheidung für den Tod

Der schwarze Geiger schlägt ihnen vor, sich den fahrenden Leuten anzuschließen und in Freiheit miteinander zu leben. Er vollzieht ein Zeremoniell, das eine Trauung darstellen soll. Vrenchen aber, die ein zerstrittenes untreues Pärchen beobachtet hat, möchte so nicht leben. In Sali und ihr steckt noch die bürgerliche „Ehre“, die sie als Kinder genossen haben. Der Geiger gibt mit den anderen Fahrenden „dem Brautpaar das Geleit“ (HL 59, 22/R 75, 4 f.) und führt sie zu den drei Äckern, wo Sali und Vrenchen zurückbleiben. Sali schlägt vor, in der Nacht wirklich Hochzeit zu machen und am Morgen gemeinsam aus dem Leben zu scheiden. Vrenchen ist einverstanden, denn auch sie hat schon an eine solche Lösung gedacht. Sie tauschen die heimlich gekauften Ringe und wenden sich dem Fluss zu. Dort löst Sali ein mit Heu beladenes Schiff vom Anker, das für die nahe gelegene Stadt bestimmt ist, hebt Vrenchen auf den Heuberg und schwingt sich selbst hinauf. Das Schiff treibt zunächst in die Mitte des Flusses und dann ruhig stromabwärts durch die stille, nächtliche Landschaft. Im Morgenrot des frü-

Sali schenkt Vrenchen ein Lebkuchenhaus; Verfilmung von 1941, Regie: Valérien Schmidely © Cinetext

hen Herbstmorgens gleiten zwei bleiche Gestalten fest aneinandergeschmiegt in den Strom hinab.

Die Liebenden werden tot geborgen

Das herrenlose Schiff verfängt sich wenig später unbeschadet an einer Brücke. Die Liebenden werden unterhalb der Stadt tot aus dem Wasser geborgen. Ein Zeitungsbericht stellt einen Zusammenhang zwischen beiden Ereignissen her. Dort heißt es: Auf dem entwendeten Schiff hätten junge Leute, blutarme Kinder aus verfeindeten Familien, ihre verzweifelte und gottverlassene Hochzeit gehalten, „abermals ein Zeichen von der um sich greifenden Entsittlichung und Verwilderung der Leidenschaften.“ (HL 63, 26 ff./R 80, 11 f.)

3.3 Aufbau

DER AUFBAU DER HANDLUNG

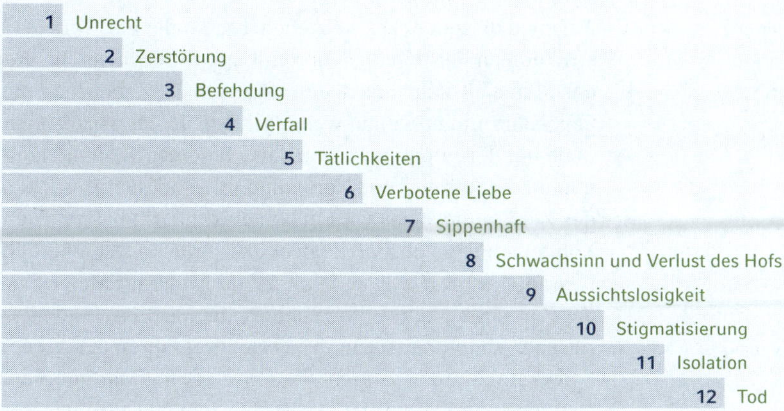

Die hier angeführte Strukturskizze soll den von vornherein abschüssigen Aufbau von Kellers Novelle *Romeo und Julia auf dem Dorfe* veranschaulichen. Die Zahlen werden im Folgenden aufgegriffen und durch die Novellenhandlung erläutert.

Unrecht

1. Der abschüssige Verlauf beginnt bereits im 2. Abschnitt der Novelle (HL 9, 19/R 3, 8) im Bild der auf ihren Äckern pflügenden Bauern. Zwar werden sie zunächst in nachbarlicher Eintracht geschildert, doch bewegen sich ihre Pflüge von Anfang an gegenläufig. Die Einigkeit im Gespräch über den mittleren Acker ist brüchig, basiert sie doch auf einem bewusst in Kauf genommenen Unrecht. Wider besseren Wissens sind

beide bereit, den schwarzen Geiger um sein Erbe zu bringen, nicht nur, weil sie nicht willens sind, für ihn zu zeugen, sondern auch dadurch, dass sie sich an dem mittleren Stück Jahr um Jahr unrechtmäßig bereichern.

Zerstörung

2. Auf eben diesem Acker vollziehen ihre Kinder ein Werk der Destruktion an der bereits lädierten Puppe Vrenchens. Während das Mädchen sich zunächst noch gegen die Zerstörung durch Sali wehrt und unbändig weint, schlägt sie ihn plötzlich einige Male mit der Puppe und setzt danach gemeinschaftlich mit ihm die Zerstörung und Zerlegung fort. Auf dem Höhepunkt des Zerstörungsaktes wird in den einzig übrig gebliebenen Kopf eine Fliege gesperrt, bevor er feierlich unter einem Stein begraben wird. (HL 8, 1 ff./R 9, 27 ff.) Nicht nur Materie fällt der Zerstörung zum Opfer, sondern auch Leben.

Befehdung

3. Als nach einem Zeitsprung von etwa drei Jahren der Acker von Salis Vater Manz ersteigert worden ist, er hat Marti überboten, zeigt das unmittelbar dem Ereignis folgende Gespräch eine eindeutige Entwicklung zur Verhärtung. Die Männer gehen auseinander, „ohne sich weiter anzublicken; vielmehr starrten sie nach verschiedener Richtung ins Blaue hinaus“ (HL 11, 21 ff./R 13, 31 ff.). Es folgt eine Reihe von Brüskierungen, angefangen bei der Errichtung der Steinpyramide auf dem streitigen Ackerdreieck bis zur leidenschaftlichen Befehdung in Gedanken und Prozessen, die sie in die Verarmung treiben.

Verfall

4. Die gegenseitige Verachtung überträgt sich auf die Kinder. Im Verfall beider Wirtschaften leben sie sich auseinander. Manz muss seinen Hof verlassen und in die Stadt übersiedeln (HL 17, 25 ff./R 21, 10 f.), aber auch um Marti ist es schlecht bestellt, er vernachlässigt ebenfalls die Arbeit, treibt sich in der Stadt herum und lässt sein Anwesen verkommen.

5. Manz und Sali verlegen sich auf die Fischerei, um etwas auf den Tisch zu bekommen. Sie sind damit in der Reihe der mittellosen Seldwyler angekommen (HL 20, 40 ff./R 25, 29 ff.). Auch Marti fischt und lässt sich von Vreni die dazu nötigen Utensilien nachtragen. Die Parteien begegnen sich und es kommt zu Tätlichkeiten, die nur durch Salis unwillkürliches Eingreifen beendet werden.

   Tätlichkeiten

6. Sali und Vrenchen erkennen ihre Liebe zueinander. Er will sie aufsuchen (HL 26, 7 ff./R 31, 23 ff.), doch begegnet ihm auf seinem Weg zu ihr Marti, der Verdacht schöpft und kurz darauf ins Dorf zurückgeht.

   Verbotene Liebe

7. Sali und Vrenchen begegnen einander. Ihre Verabredung auf dem Acker kommt zwar zustande (HL 29, 15 ff./R 36 ff.), doch auf dem Höhepunkt ihres Glücks hören sie die Beschuldigung ihrer Väter vom schwarzen Geiger, der sie in „Sippenhaft" nimmt (HL 30, 15 ff./R 37, 21 ff.). Bald darauf, nach einem weiteren kurzen Glücksmoment, entdeckt Marti die Liebenden und misshandelt Vrenchen. Salis Einschreiten durch Martis Niederschlagen mit einem Stein bedeutet das (noch vorläufige) Ende aller Gemeinsamkeiten.

   Sippenhaft

8. Marti wird auf Grund seiner „Blödsinnigkeit", die Folge des Niederschlagens, in eine Anstalt verbracht. Der Prozess ist zu diesem Zeitpunkt endgültig verloren. Vrenchen muss das verpfändete Haus innerhalb von zwei Tagen verlassen.

   Schwachsinn und Verlust des Hofs

9. Sali und Vrenchen treffen sich wieder. Sie teilen sich gegenseitig ihren Kummer mit und verabreden **einen** gemeinsamen glücklichen Tag und ein Tanzvergnügen beim Kirchweihfest im Nachbardorf, für die Sali alle dem entgegenstehenden Hindernisse auszuräumen versucht. Es gelingt ihm, Geld und Schuhe zu beschaffen, die Aussichtslosigkeit auf eine Zukunft

   Aussichtslosigkeit

für sich und Vrenchen kann er jedoch nicht beseitigen. Noch bleibt das Ende offen.

Stigmatisierung

10. Der gemeinsame Tag entwickelt sich in seinem Verlauf immer negativer. Werden sie im Gasthaus des ersten Dorfes beim Frühstück noch für ehrbare junge Leute gehalten, so bringt das Mittagessen schon eine Trübung durch die Bemerkungen der Kellnerin (HL 49, 29 ff./R 62, 28 ff.). Das Kirchweihfest wollen sie verlassen, weil sie von zu vielen Menschen erkannt worden sind.

Isolation

11. Nur das Verlassen der bürgerlichen Gesellschaft und das freiwillige Sich-Hineinbegeben in die Gesellschaft der Gesetzlosen und der Armen, das Sich-Selbst-Ausgrenzen, ermöglicht die Erfüllung ihrer Gemeinsamkeit im Tanz. Nach anfänglichem Schrecken akzeptieren sie den Schutz des schwarzen Geigers, der ihnen nun zum Tanz aufspielt, und schließen sich vorübergehend dem Hudelvölkchen an.

Tod

12. Der Tanz ist zum Totentanz geworden. Die Erkenntnis ihrer ausweglosen Situation führt sie schließlich zu dem Entschluss, nach der hochzeitlichen Liebesvereinigung gemeinsam in den Tod zu gehen.

Der Zeitungsnachruf setzt noch über den Tod hinaus einen zynischen, ungerechtfertigten Schlusspunkt hinter das Geschehen.

Das Keller'sche Aufbau- und Erzählprinzip ist ambivalent. In ungebrochener Konsequenz schreiten die streitenden Familien und ihre Kinder auf dem Weg ins Verderben voran. Alle aufkeimenden Hoffnungen auf Durchbrechen der Abschüssigkeit, die Keller durchaus andeutend aufkeimen lässt, werden kurz darauf wieder zurückgenommen.

Der Hass der Väter ist gnadenlos, aus ihm kann kein beständiger Nährboden für die Liebe der Kinder erwachsen. Nur ihr Tod garantiert ihnen die Dauerhaftigkeit in ihrer Liebe zueinander.

Die Gattung Novelle

Geschehensprozess im Vordergrund

Kellers Erzählung *Romeo und Julia auf dem Dorfe* gehört der Gattung Novelle an. Die Novelle hebt nicht die Handlungen der einzelnen Personen hervor, sondern den Geschehensprozess, in den die Beteiligten verwickelt sind, ohne dass sie wirksam in ihn eingreifen können. So geraten die Protagonisten Sali und Vrenchen unverschuldet in den Streit der Väter. Alles, was auf Grund dieses Streits mit ihnen geschieht, entwickelt sich mit einer eigenen Dynamik. Die Ereignisse gehen über sie hinweg, sie selbst werden zu Spielbällen. Ohnmächtig müssen sie sich den Geschicken fügen. Verändernd eingreifen können sie nicht, wollen sie nicht ihre „bürgerliche Ehre" verlieren. Rahmenbau, geradliniges Erzählen und Wendepunkt der Handlung sind der Gattung innewohnende Merkmale. Die Novelle des poetischen Realismus, der Literaturgeschichtsepoche, der Keller zugerechnet wird, zeigt den Einzelnen verwickelt in die gesellschaftlichen Bedingungen seines Lebensraums.

Rahmenbau, geradliniges Erzählen und Wendepunkt

Verfolgt man die Gattungsmerkmale in *Romeo und Julia auf dem Dorfe*, so trifft man bei genauem Hinsehen insofern auf einen Rahmenbau, als Keller mit Bemerkungen zu der allgemeinen Bedeutsamkeit seiner Erzählung beginnt (HL 3, 1–7/R 3, 1–7) und mit der allgemeinen Bewertung des Selbstopfers der Kinder in ironischer Brechung schließt (HL 63, 15–28/R 79, 35–80, 12.). Der Erzählaufbau ist linear, erzählt wird in zeitlicher Abfolge, wobei Zeitraffungen neben dialogisch angelegten Passagen stehen, in denen Erzählzeit und erzählte Zeit identisch sind. Auf die ausführliche Darstellung der pflügenden Bauern (HL 3, 8 ff. und 9, 19 ff./R 3, 8 ff. und 11,12 ff.) folgt ein Zeitsprung von etwa drei Jahren. Dann wird der Acker von

Manz ersteigert und über die Ereignisse der folgenden Jahre wird insgesamt wenig und nach strenger Auswahl, das Schicksal der Kinder betreffend (vgl. HL 15, 8 bis 17, 18/R 18, 20 bis 21, 9), berichtet.

Dem Gespräch der Bauern widmet Keller zweimal breiten Raum (bei der Frühstückspause auf dem Feld, HL 4, 14–6, 17/R 5, 32–7, 14 und nach der Versteigerung, 10, 25 –11, 24/R 12, 28 bis 13, 29). Der Leser ist so Zeuge, er wird in den Stand versetzt, eigene Beurteilungen und Bewertungen der Situation vorzunehmen.

Gesprächspassagen

Breit angelegte Gesprächspassagen gibt Keller darüber hinaus bei dem dreimaligen Zusammentreffen zwischen den Liebenden wieder. Auch hier ermöglicht er dem Leser, sich selbst ein Bild über die Intensität der Liebe und die Aussichtslosigkeit ihrer Erfüllung zu machen.

Wendepunkt zum endgültigen tragischen Ende

Der Aufbau ist, wie bereits dargestellt, von Anfang an tragisch abschüssig. Ein handfester Wendepunkt im Leben aller beteiligten Personen ist der Erwerb des Ackers durch Manz. Keller fasst vor dem Verkauf des Ackers, in Erwähnung aller Betroffenen, zusammen: „Dennoch nahmen sie während jeder Ernte, wenn alles auf den Äckern war, einmal Gelegenheit, den wilden Steindamm, der sie trennte, zu besteigen und sich gegenseitig von demselben herunterzustoßen.“ (9, 35 ff./R 11, 30 ff.) Als ein Wendepunkt zum endgültigen tragischen Ende kann das Betreten des „Paradiesgärtchens“ angesehen werden. Die sich bietende Alternative zu einer bürgerlichen Existenz wird den Liebenden in Gestalt und Verhalten des Waldhornbläsers und seines Mädchens im seidenen Rock (HL 58, 22 ff./R 70, 18 ff.) klar vor Augen gestellt. Die in Sali und Vrenchen verbliebene bürgerliche „Ehre“ (HL 56, 43 ff./R 72, 5 und 19; 73, 4) verbietet ihnen jedoch, sich für den Anschluss an die „Gesetzlosen,“ die außerhalb der Gesellschaft Stehenden zu entscheiden; es bleibt ihnen deshalb nur die Entscheidung für den gemeinschaftlichen Tod, denn: „Das Gefühl, in der bürgerlichen Welt nur in einer ganz ehrlichen und gewissenfreien Ehe glücklich sein zu können, war in ihm (Sali) ebenso lebendig wie in Vrenchen" (HL 56, 43 ff./ R 72, 1 ff.), Vrenchen sieht in der „Heiratsfrage (...) ein unmittelbares Sein oder Nichtsein, (...) Tod oder Leben" (HL 61,11 ff./ R 77,11 ff.).

Tragische Novelle

Die dem poetischen Realisten eigene Symbolsprache und Symbolbehandlung wird im Kapitel zu Sprache und Stil der Novelle ausführlich aufgegriffen. *Romeo und Julia auf dem Dorfe* ist eine tragische Novelle, typisch für die Literaturepoche des poetischen Realismus.

3.4 Personenkonstellation und Charakteristiken

ZUSAMMEN-FASSUNG

Das Personal der Novelle ist insgesamt überschaubar. Manz und Marti sind die Bauern, deren Feindschaft das Unglück ihrer Kinder Sali und Vrenchen auslöst. Als wichtige Figur erscheint der schwarze Geiger. Er ist der rechtmäßige Besitzer des mittleren Ackers. Weil er von den Bauern um seinen Besitz gebracht wird, kommt ihm das daraus resultierende Unglück der Kinder gerade recht. Sein Auftreten und seine Lebensweise bringen Sali schließlich auf den Gedanken, mit Vreni Hochzeit zu machen und danach aus dem Leben zu scheiden. Ein Leben außerhalb bürgerlicher Ehre können sich beide nicht vorstellen. Zum „Hudelvölkchen" werden Kontrastfiguren eingeführt, deren gutbürgerliches Leben verdeutlicht, wie das Leben der Liebenden unter anderen Bedingungen hätte verlaufen können.

Darstellung der möglichen Lebensordnungen von Manz und Marti

Parallelen der Figuren Manz und Marti

Die von Keller ausgewählten Bauern Manz und Marti sind keine Individualitäten, sondern weisen eher deutlich herausgearbeitete Parallelen auf. Äußerlich sind es lange, knochige Männer von ungefähr vierzig Jahren, die auf den ersten Blick den „sichern, gutbesorgten Bauersmann" verkünden (HL 3, 21 f./R 3, 23). Beide sind von gepflegtem Äußeren, traditionell und standesgemäß gekleidet. Schön ist es, ihre Arbeit anzusehen, die sie mit Bedacht, „ruhevoll" (HL 4, 4/R 4, 16), verrichten. Auch das Frühstück, das ihre Kinder aufs Feld bringen, zeugt von Wohlstand und häuslich gepflegter Atmosphäre.

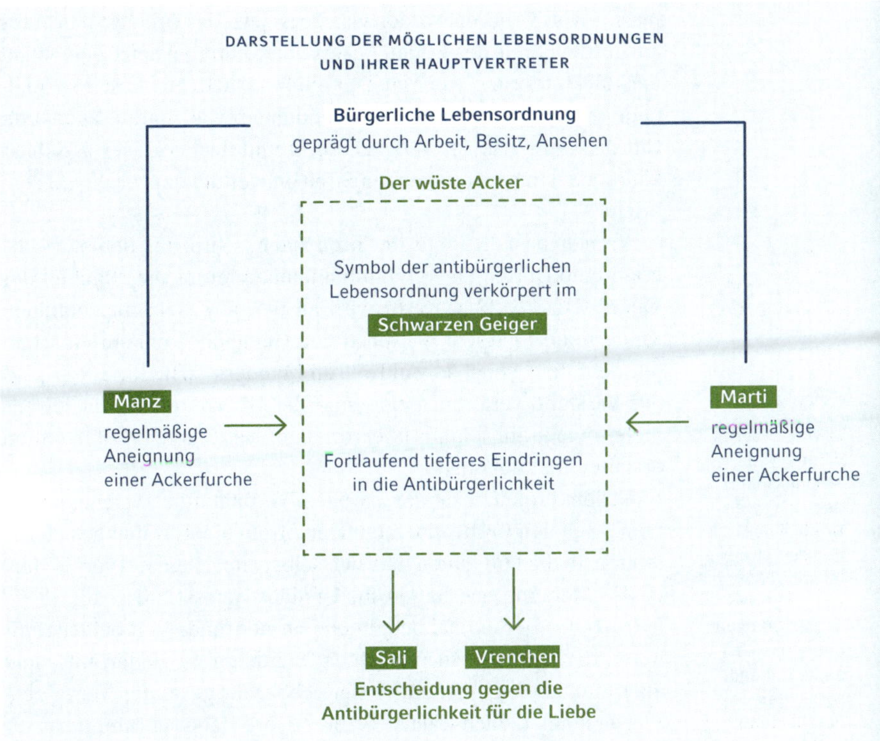

Das gemeinsam eingenommene Frühstück und das währenddessen geführte Gespräch zeugen von gegenseitigem Einvernehmen.

Die Situation ändert sich jedoch rasch und nachhaltig, als Manz den wilden Acker zwischen den beiden Feldern erwirbt. Wenn über das Unrecht der beiden, in jedem Frühling stillschweigend eine große Furche vom herrenlosen Acker abzuschneiden, in Duldung

Erwerb des Ackers als Auslöser der Feindschaft

nie ein Wort verloren worden war, so ist jetzt das Dreieck, das Marti am unteren Ende des wilden Ackers abgeschnitten hat, Gegenstand der Rückforderung von Manz. „Kaltblütig" (HL 10, 41/R 13, 7) begegnen sie einander und Redewendungen wie „darauf kannst du Gift nehmen!"(HL 11, 18/R 13, 28 f.) und ihr blickloser Abschied kündigen den bevorstehenden Streit an, der mit ganzer Wucht ausbricht.

Vrenchen ist die Erste, die ihren Vater „schrill und gebieterisch" erlebt und Ohrfeigen von ihm hinnehmen muss. Die „Rauheit der Väter" (HL 12, 22/R 15, 6) wird an den arglosen, unschuldigen Kindern ausgelassen. Als Marti den Gemeindeammann einschaltet, geht den „sonst so wohlweisen Männern" (HL 13, 3/R 15, 32) der Verstand verloren. Beide sind der Überzeugung, der jeweils andere wolle ihn plump übervorteilen, sie fühlen sich für dumm gehalten und gekränkt.

„zwei(...) Verdammte(...), welche, auf einem schmalen Brette einen dunklen Strom hinabtreibend, sich befehden, in die Luft hauen und sich selbst anpacken und vernichten, in der Meinung, sie hätten ihr Unglück gefasst." (HL 13, 20 ff./ R 16, 14 ff.)

Keller vergleicht sie mit „zwei(...) Verdammten, welche, auf einem schmalen Brette einen dunklen Strom hinabtreibend, sich befehden, in die Luft hauen und sich selbst anpacken und vernichten, in der Meinung, sie hätten ihr Unglück gefasst." (HL 13, 20 ff./ R 16, 14 ff.) Der einmal begonnene Streit gründet auf beider Hoffnung, den anderen zu vernichten. Sie leben im Hader, um nicht als Dummköpfe zu gelten, verlieren aber ihr gesamtes Vermögen. Was in ihnen täglich wächst, während ihre Habe schrumpft, ist der Hass. Als Manz seinen Hof verlassen muss, macht Marti sich „voll Hohn und Schadenfreude" (HL 18, 22/R 22, 22) in der Nähe der Straße zu schaffen.

Beide verarmen

Innerhalb von zwölf Jahren sind beide verkommen. Die Kneipe von Manz in Seldwyla ist zum Unterschlupf für Hehler geworden, er selbst ist in die Nähe der Kriminalität gerückt, und Martis Wirtschaft ist völlig heruntergekommen. Den ihm noch verbliebenen Acker bestellt er liederlich oder gar nicht. Aus Langeweile hat er sich aufs Fischen verlegt, während Manz unterwegs ist, um Essen zu besorgen. Beim Fischen begegnen sie sich. Mit wüsten Beschimpfungen wie „Lumpenhund, Schelm, Galgenhund, Hund, Kalb“ (HL 22, 21 ff./R 27, 28 ff.) und mit verstärkter Wut schlagen sie mit Fäusten aufeinander ein „aus innerster Feindschaft und aus dem Gange einer ganzen Lebensgeschichte“ (HL 23, 28 f./R 29, 2 ff.). Beider Lebensweg wird unrühmlich.

Wenn Keller am Ende der Erzählung Manz auf dem Weg in die Kriminalität und Marti als blödsinnigen Narren beschreibt, so charakterisiert er damit eindeutig ihren Lebensweg, mit dem sie sich jedoch nicht allein, sondern auch ihre Familien ins Verderben gerissen haben. Jegliche Bürgerlichkeit haben sie hinter sich gelassen. Sie haben sich aus der bürgerlichen Gesellschaft herauskatapultiert und den Ausgestoßenen zugesellt. Nicht aber der Gesellschaft ist an dieser Entwicklung Schuld zu geben, sondern einzig den beiden selbst.

Die Mütter

Die Mütter reagieren unterschiedlich

Während Vrenchens Mutter aus Kummer bald stirbt, versucht sich Salis Mutter den Verhältnissen anzupassen. Zweimal nimmt sie an sich Veränderungen vor. Zunächst, indem ihr einfällt, „einigen weiblichen Fehlern, die ihr von jeher angehaftet, die Zügel schießen zu lassen und diese zu Lastern auszubilden.“ (HL 14, 37 ff./R 18, 5 ff.) Sie ist begehrlich, verlogen, schmeichlerisch, verleumderisch, schamlos. Alle bürgerlichen Tugenden hat sie abgelegt. Sie treibt es bunt in dem zerfallenden Haus. Als Wirtin in Seldwyla weiß sie nichts Gescheites hervorzubringen und wird zum Gespött ihrer zum Abschaum gehörenden Gäste. Als sich nach einiger Zeit kein Gast mehr blicken lässt, vertreiben sich Mann und Frau mit „müdem, halbtoten Zanken und Vorhalten“ (HL 25, 12/R 31, 5) die Zeit. In Erkenntnis der Fruchtlosigkeit ihrer Bemühungen wandelt sie sich noch einmal. Geduldig versucht sie nun, ihren Mann aufrecht zu halten und Sali zum Guten anzuweisen. Zwar wird deutlich, dass von ihr wenig positiver Einfluss ausgeht, aber sie zeigt guten Willen.

Sali und Vrenchen

Sali

Die Feindschaft der Eltern ist auf ihre Kinder Sali und Vrenchen übergegangen. Für Sali ist die Solidarität mit seinen Eltern zunächst selbstverständlich, aber immer mehr erfüllt ihn die Lage der Eltern mit Scham und Kummer (HL 16, 11 f./R 19, 33). Seine Mutter versucht, dem hübschen Burschen nach Möglichkeit die Wünsche zu erfüllen, mit Schmeicheleien für ihn geizt sie nicht (HL 16, 14 f. /R 19, 35 f.). Auch genießt er große Freiheiten, denn einer Beschäftigung geht er nicht nach. Seit dem Streit hat er keinen Blick mehr auf Vrenchen verschwendet, er weiß nicht, wie sie aussieht. Ihr Andenken aber ist ihm nicht verhasst (HL 17, 16 ff./R 21, 2 f.). Als die Streitenden am Bach aufeinandertreffen, springt Sali mit einem Satz heran, „um seinem Vater beizustehen und ihm zu helfen, dem gehassten Feind den Garaus zu machen“ (HL 23, 40 ff./R 29, 17 ff.). Doch die Begegnung mit Vrenchen macht ihn zu einem hoffnungslos Liebenden.

Vrenchen

Vrenchen lebt von aller Gesellschaft zurückgezogen. Seit dem Tod der Mutter ist sie „einsam in einem wüsten Haus der Tyrannei eines verwilderten Vaters anheim gegeben“ (HL 15, 12 ff./R 18, 25 f.).

Sie ist mittlerweile 17 (HL 32, 5 f./R 39, 33 f.) und zu einer Schönheit herangereift. Ihr dunkelbraunes Kraushaar, ihre blitzenden braunen Augen, ihr bräunlicher Teint und ihre schlank gewachsene zierliche Gestalt werden immer wieder erwähnt. Von ihrem Wesen her neigt sie zur Fröhlichkeit und Lebenslust, obwohl sie das wachsende Elend im Haus kummervoll erlebt. Betont wird ihr Sinn für Reinlichkeit und für geschmackvolle Kleidung. Aber auch hier sind ihr straffe Zügel angelegt, denn der Vater gibt ihr nichts, um ihre bescheidenen Ansprüche zu verwirklichen.

Sali, mittlerweile fast 20 (HL 32, 7/R 39, 35 f.), ist von ihrer Erscheinung fasziniert, in Liebe erinnert er sich ihres Gesichts und ihres Kinderlächelns. Er kann seit der Begegnung am Bach nicht mehr von ihr lassen. Von nun an trennen sich ihre Wege und Gedanken nicht mehr. Sie sind in allem einig. Doch kann es für sie keine Glückserfüllung geben. Wie sehr sich Vrenchen nach einer wohlgeordneten bürgerlichen Existenz sehnt, zeigt ihre Fantasieerzählung von Salis Lotteriegewinn.

Sehnsucht nach Glückserfüllung in einer bürgerlichen Existenz

In drei Begegnungen wird die gegenseitige Zuneigung immer wieder neu beschworen, aber auch die Entwicklung zum Negativen überdeutlich. Herausgearbeitet wird eine sich steigernde Leidenschaftlichkeit Vrenchens, doch sie verlässt den Weg der bürgerlichen Ehrbarkeit nicht (HL 56, 43 ff./R 72, 1 ff.). Die guten Eindrücke, die beide als Kinder erfahren haben, wirken in ihnen fort und verhindern, dass sie die bürgerlichen Erwartungen durchbrechen. Höhepunkt ihrer Gemeinsamkeit ist der Entschluss, Hochzeit zu machen und danach miteinander in den Tod zu gehen. Da für sie in der bürgerlichen Gesellschaft kein Platz ist, entschließen sie sich, ihrem Leben ein Ende zu setzen.

Gemeinsamer Tod

Der schwarze Geiger

Von vornherein außerhalb der Gesellschaft befindet sich der schwarze Geiger. Er kann, da er weder Taufschein noch Heimatrecht vorweisen kann, mit einer Aufnahme in die bürgerliche Gesellschaft nicht rechnen. Manz und Marti, die ihm durch Bezeugen seiner Abkunft zu dem mittleren Acker verhelfen und ihm so die Möglichkeit hätten verschaffen können, auszuwandern, verweigern ihm ihr Zeugnis (HL 30, 35 ff./R 38, 8 ff.). Bevor noch die erste unrechtmäßige, breite Furche von dem Acker abgerissen wird, bestärken

Außerhalb der bürgerlichen Gesellschaft

sie sich gegenseitig in dem Unrecht, das sie am schwarzen Geiger verüben. Im Grunde bestehlen sie ihn über Jahre, bis nur noch ein „wilder Steinkamm" übrig ist (HL 9, 36/R 11, 31 f.).

Die erste Begegnung der Liebenden mit dem schwarzen Geiger löst bei ihnen Erschrecken aus. Sie fühlen sich „in einem seltsamen Bann" (HL 30, 3 f./R 37, 9). Von dem Steindamm des Ackers aus, der von den Mohnblumen bewachsen als feuerroter Berg erscheint, wirft ihnen der schwarze Geiger das an ihm begangene Unrecht ihrer Väter vor und sagt ihnen ihr Schicksal prophetisch voraus (HL 30, 15 ff./R 37, 21 ff.).

Äußeres erinnert an Teufelsbeschreibungen

Die Beschreibung seines Äußeren ist abstoßend (HL 30, 20 ff./R 37, 27 ff.), seine übergroße Nase, sein viel zu kleiner lochartiger Mund, aus dem es unaufhörlich pustet, pfeift und zischt, das unheimliche Filzhütchen, dessen Form weder rund noch eckig, seine Gestalt alle Augenblicke zu verändern scheint, seine Augen, die fast nur das Weiße zeigen, rücken ihn in die Nähe bekannter literarischer Teufelserscheinungen.[5] Bei der letzten Begegnung im Paradiesgärtchen fühlen sich die Liebenden unter seinen Schutz gestellt. Er spielt ihnen zum Tanz auf und versucht, sie in die Gesellschaft der Outlaws zu locken und damit offiziell zu dem zu machen, was sie eigentlich schon sind: Heimatlose, die nirgends hingehören. Hier erreicht die tragische Entwicklung, durch die Gestalt des schwarzen Geigers unterstrichen, ihren tiefsten Punkt.

Nebenfiguren

Neben den fünf Hauptpersonen führt Keller noch einige episodenhaft auftretende Nebenfiguren ein. Am Tag ihres gemeinsamen Aufbruchs treffen sie auf die Bäuerin, die Vrenchens Bettstatt gekauft

Bäuerin

---

5 Vgl. die Darstellung des „Grünen" (= der Teufel) in Jeremias Gotthelf: *Die schwarze Spinne*. RUB 6489

hat und nun abholt. Sie wird äußerst naiv gezeichnet, bereit, für ein kleines Entgelt alles Mögliche zu versprechen. Sie gibt Vrenchen Gelegenheit, mit ihrer Fantasiegeschichte ihre Vorstellungen von einem bürgerlichen Glück zu offenbaren. Auch die Wirtsleute im ersten Gasthaus erfüllen die Funktion, den jungen Leuten das Gefühl ihrer Zugehörigkeit zur Gesellschaft zu geben, was im zweiten Gasthaus beim Mittagessen nur noch zur Hälfte gelingt. Während die Wirtin auch hier den Liebenden aufmerksame Zuwendung entgegenbringt, zweifelt die Kellnerin an der Ehrbarkeit der jungen Leute, vornehmlich Vrenchens. Die Gesellschaft im Paradiesgärtchen hingegen deutet das bevorstehende Schicksal von Vrenchen und Sali voraus, sollten sie sich dem „Hudelvölkchen“ anschließen. Innerhalb der Gesellschaft ist für sie kein Platz, den für sie durch das Verhalten ihrer Väter außerhalb der Gesellschaft bestimmten, wollen sie nicht.

Wirtsleute

„Hudelvölkchen“

3.5 Sachliche und sprachliche Erläuterungen

HL 9, 16 ff./ R 11, 9 ff.	**So gehen die Weberschiffchen des Geschickes aneinander vorbei und was er webt, das weiß kein Weber!**	Zitat aus Heinrich Heine. *Romanzero*: „Jehuda ben Halevy" (2, 5).
HL 18, 39/ R 23, 4	**Falliten** (Pl.), **der Fallit** (Sing)	Menschen, die zahlungsunfähig sind, sich in Konkurs befinden.
HL 26, 27/ R 32, 32	**Gehäge**	Neuhochdeutsch: Gehege.
HL 27, 36 f./ R 34, 15	**Helebarte oder Sponton**	Kopfbedeckung eines schweizerischen Wachtmeisters, vergleichbar der preußischen Pickelhaube.
HL 44, 22/ R 55, 36	**Allweg**	Immer.
HL 44, 34/ R 56, 12	**Gevatterschaft**	Kindtaufe.
HL 45, 36/ R 57, 25	**Helbart**	Wie HL 27, 36/R 34, 15.
HL 48, 5/ R 60, 24	**Pönitenz**	Buße.
HL 49, 36/ R 62, 33	**Jüppe**	Jacke (Zürcher Dialekt).
HL 49, 38/ R 62, 35	**der ist schön petschiert**	Der ist betrogen (angeschmiert).
HL 49, 39/ R 62, 35 f.	**Gungeline**	Kleine Schlampe (Zürcher Dialekt).
HL 53, 36/ R 67, 34 f.	**fahrendes Gesinde**	Älterer Begriff für Gesindel; heimatlose, nicht sesshafte Menschen.

HL 55, 15/ R 69, 33	**Hudelvölkchen**	Umgangssprachlich veraltet **Hudel**: Lappen, Fetzen, Lumpen. Auch im übertragenen Sinn: Lumpen = Gesindel.
HL 57, 7/ R 72, 8	**äufnen**	Mehren, anhäufen.
HL 57, 11/ R 72, 12	**Äufner**	(schweiz.) Einer, der seinen Besitz vergrößert.

3.6 Stil und Sprache

ZUSAMMENFASSUNG

Kellers Novelle besticht in Stil und Sprache durch ihre charakteristischen Stilmerkmale wie Bildlichkeit und Symbolsprache. Humorvolle Auflockerungen entlasten den Leser. Zu ihnen zählen beispielsweise Tiervergleiche. Die Landschaftsschilderungen tragen im Wesentlichen zur Atmosphärenbildung bei. Märchen- und religiöse Motive, Metaphern, Bildvergleiche und Symbole zeigen den Reichtum der Keller'schen Sprache, selbst bestimmte Farbgebungen erhalten symbolische, über sich selbst hinausweisende Bedeutungen.

Bildlichkeit und Metaphern

Kellers Novelle folgt einem klaren Kompositionsprinzip. Durch Bildlichkeit und Metaphorik erreicht er für den Leser immer wieder Entlastungen von den bedrückenden und dramatischen Ereignissen, die er nicht selten durch Humor auflockert. Zu ihnen zählen beispielsweise die Tiervergleiche.[6] Beim Spiel der Kinder auf dem Acker wird das schlaff herunterhängende Bein der Puppe mit einem Molchschwänzchen verglichen (HL 7, 22/R 8, 29 f.). Salis Vater wird ein Narr, Händelführer und Müßiggänger genannt, der „mit jeder Stunde rückwärts ruderte wie ein Krebs" (16, 10 f./R 19,31 f.), die Kinder sperrten „ihre Schnäbel auf, wie die jungen Wachteln im Neste" (HL 33, 15 f./R 41, 18 f.). Solche Vergleiche wirken manchmal charmant, insgesamt dienen sie aber auch ironischer und boshafter Darstellung. So beschimpfen sich Manz und Marti als „Hund" und „Kalb" (HL 22, 30 f./R 27, 34 ff.), in ihren hassgeladenen Hand-

---

6 Vgl. Udo Kultermann: *Bildformen in Kellers Novelle ‚Romeo und Julia auf dem Dorfe'*. In: DU 8, 1956, H. 3, S. 86–100

lungen werden sie mit „zwei wilden Tieren“ verglichen, die sich gegenseitig unfehlbar aufreiben und auffressen (HL 57, 13/R 79, 14 f.). Als Sali Vrenchen auf das Heuschiff trägt, zappelt sie auf seinen Armen wie ein Fisch.

Keller trifft durch metaphorische Vergleiche häufig einen humorvollen Ton, wenn er z. B. zu Beginn des Streits der Bauern darauf verweist, dass ihre Gedanken „nun so kurz (...) wie Häcksel“ (HL 13, 3f./R 15, 33) geschnitten seien. Immer sticht die Liebe zum beschreibenden Detail hervor. Man denke beispielsweise an die Beschreibung der Nase des schwarzen Geigers: „In der Tat besaß er eine schreckbare Nase, welche wie ein Winkelmaß aus dem dürren schwarzen Gesichte ragte oder eigentlich mehr einem tüchtigen Knebel oder Prügel glich, welcher in dies Gesicht geworfen worden war“ (HL 30, 19 ff./R 37, 27 ff.). Die Erinnerung an diese Nase stößt die trüben Wolken weg und verbreitet sonnenhelle Lustigkeit auf Vrenchens Gesicht (HL 31, 13 ff./R 38, 31 ff.).

Landschaft und Atmosphäre

Liebevoll zeichnet Keller auch die Landschaft und Atmosphäre: Das tägliche Mittagsmahl der Seldwyler trägt ein weithin scheinendes „Silbergewölk über ihre Dächer empor, welches lachend an ihren Bergen hinschwebte“ (HL 5, 5 ff./R 5, 29 ff.), am Tag ihrer Gemeinsamkeit sind die Höhen und Wälder mit einem „zarten Duftgewebe“ (HL 46, 11/R 58, 9) bekleidet und Sali richtet seine Augen auf den milden Herbstsonnenschein, der „auf den Auen webte“ (HL 50, 33/R 64, 1 f.).

Märchen und religiöse Motive

Märchen und religiöse Motive sind weitere Quellen für metaphorisches Sprechen. Die geschmückte Puppe wird zur „Zauberfrau“ (HL 6, 34/R 7, 32), der summende Puppenkopf zu einem „weissagenden Haupt“ (HL 8,4 f./R 9, 21), Sali fühlt sich in seiner Liebe zu Vrenchen „reich und wohlgeborgen wie ein Königssohn“ (HL 24, 40/R 30, 24 f.), Vrenchen ist für ihn ein Königreich und sie ist, als Sali sie zum Kirchweihtanz abholt, gerüstet wie eine „Prinzess“

(HL 43, 19/R 54, 22.). Beide kennen sich weniger als „den Papst zu Rom“ (HL 33, 25/R 41, 29) und den türkischen Kaiser. Die Angler stehen am Strom „regungslos gleich einer Galerie von Heiligen- und Prophetenbildern“ (HL 21, 19 f./R 26, 17 f.), sein Heimatdorf erscheint Sali als „himmlisches Jerusalem (...) mit zwölf glänzenden Pforten“ (HL 26, 8/R 32, 11 f.).

Symbole

Neben den Metaphern und Bildvergleichen sticht das symbolische Erzählen Kellers hervor. Gleich zu Beginn der Novelle wird das zum Symbol verdichtete Bild des Gestirns gebraucht. Die Bauern ziehen aneinander vorbei und verschwinden hinter der Wölbung des Hügels „wie zwei untergehende Gestirne.“ (HL 4, 7 f./R 4, 20 f.) Wie die Gestirne auf einer festen Bahn, die nicht verlassen werden kann, wandeln, so betreten die beiden Bauern die Bühne ihres Untergangs. Unterstrichen wird dies noch einmal im entscheidenden Augenblick:

Gestirn

> „Jeder sah wohl, was der andere tat, aber keiner schien es zu sehen und sie entschwanden sich wieder, indem jedes Sternbild still am andern vorüberging und hinter diese runde Welt hinabtauchte. So gehen die Weberschiffchen des Geschicks aneinander vorbei und ‚was er webt, das weiß kein Weber!‘“ (HL 9, 14 ff./R 11, 6 ff.)

Wenn bei Salis und Vrenchens erster Verabredung das „Sternbilde“ fast wörtlich aufgegriffen und der Hinweis auf die „einst sicher gehenden Pflugzüge ihrer Väter“ erfolgt, so ist damit deutlich die Parallelität der Eltern- und Kinderschicksale beschworen (HL 29, 25 f./R 36, 23 ff.).

Stein

Ein weiteres Symbol ist der Stein. Er ist für Keller das Böse und Zerstörende. So werfen die pflügenden Bauern die Steine aus den Furchen auf den mittleren Acker, das zerstörerische Spiel der Kinder mit der Puppe endet mit deren Begräbnis unter den Steinen und nimmt den Schlag Salis gegen Marti und sein lebendiges Begräbnis in der Anstalt sinnbildlich vorweg. Von dem zusammengedrängten Steinkamm stoßen sich die herangewachsenen Kinder gegenseitig herab, auf dem Steinacker begegnet ihnen der schwarze Geiger und hält ihnen vom Steinhaufen herab das Unrecht ihrer Väter vor, bis zu diesem Acker folgen sie dem zum Tanz aufspielenden schwarzen Geiger. Es ist ihr Totentanz, denn hier fassen sie den Entschluss, gemeinsam zu sterben.

Haus

Ein weiteres komplexes Symbol ist das Haus. Es ist in der Novelle die „Verkörperung bürgerlicher Gemeinschaftsordnung"[7]. Manz ist der erste von den beiden Feinden, „der sich nicht mehr halten konnte und von Haus und Hof springen musste." (HL 17, 20 f./R 21, 11 f.). Als Sali Vrenchen nach dem Streit der Väter im Dorf aufsucht, starrt er „voll Verwunderung in die Wüstenei, die er vor sich sah (...). Das Haus selbst war ebenso kläglich anzusehen, die Fenster waren vielfältig zerbrochen und mit Papier verklebt (...)" (HL 26, 28 f. u. 27, 23 ff./R 32, 34 f. u. 33, 37 ff.). Das Haus als Schutzraum geht für die Kinder der Streitenden verloren. Mit ihm verlieren sie ihre bürgerliche Sicherung. Es verwundert daher nicht, dass das vom Lotteriegewinn erworbene Haus in Vrenchens erfundener Geschichte (vgl. HL 43/R 55) eine bedeutende Rolle spielt.

Als der Knecht beim endgültigen Verlassen des elterlichen Hauses mit der Bettstatt davongeht, sagt sie: „Das gäbe noch ein artiges Gartenhäuschen oder eine Laube (...). Wolltest du mit darin sitzen, Sali?" (HL 45, 28 ff./R 57, 17 ff.). Zum Höhepunkt wird das Symbol auf dem Kirchweihfest gesteigert, als Sali Vrenchen ein Lebkuchenhaus schenkt. Es wird mit seinem Spruch zum Symbol des

---

7 Ebd., S. 95

Friedens, das Glück des liebenden Zusammenhalts unterstreichend. Angesichts des Hauses vergleicht Vrenchen das für Sali gekaufte Herz ebenfalls mit einem Haus: „Ich habe dir auch eines und erst das wahre geschenkt; denn unser Herz ist jetzt unser Haus, darin wir wohnen, und wir tragen unsere Wohnung mit uns, wie die Schnecken! Andere haben wir nicht!" (HL 52, 5 ff./R 65, 23 ff.) Weitsichtig und vorausweisend sind Vrenchens Worte, und in erzählerisch konsequenter Absicht zerbricht das Haus beim wilden Tanz im Paradiesgärtchen, bevor der schwarze Geiger sie zur Einkehr bei den Heimatlosen einlädt. Für die Ausgestoßenen sind die grünen Wälder das Haus (HL 57, 39/R 73, 6 f.), aber in Erinnerung an ihre ehrbare Kindheit lehnen die Liebenden das Eintreten in die Unbehaustheit der Ausgestoßenen ab und wählen den Fluss zu ihrer Gemeinsamkeit.

Das Adjektiv „wild"

Bestimmten Wörtern misst Keller besondere Qualitäten zu, so der Verwendung des Adjektivs „wild" als Beschreibung des Schlechten und Bösen. Aus den sicheren, gut besorgten Bauern werden verwilderte Männer. Aus dem verwilderten Vater Vrenchens wird ein verwahrloster Mann, wild und liederlich. Die von blindem Hass Getriebenen fressen sich auf wie wilde Tiere. Der wilde Steinkamm trennt die beiden Kinder. Auf dem Acker wächst wildes Unkraut und das wilde Zeug wird auf ihm verbrannt.

Bedeutung der Farben

Auch den Farben Rot und Gold wird symbolische Bedeutung gegeben. Vrenchen gibt der Puppe, bevor sie zerstört wird, eine Mohnblumenhaube und einen Gürtel aus roten Beeren, die Bänke im verlotterten Gasthaus von Manz sind blutrot angestrichen, im Paradiesgärtchen herrscht Rot als Farbe (kirschroter Rock, Kranz von Ebereschen, sechsfache Kette von Vogelbeeren) vor. Sali trägt ein Mailänder Halstuch mit eigens erwähntem roten Rand. Der Steinacker, von dem aus der schwarze Geiger den Liebenden die Schuld ihrer Väter vorwirft, ist zu einem roten Berg geworden.

Während Rot mit Blut und Leidenschaft verknüpft ist, geht von dem goldnen Septembertag, den goldnen Ähren und dem untergehenden Mond „Rot wie Gold“ Stille und freudvolle Erwartung aus.

Mary E. Gilbert führt aus, dass „Beispiele dieser Art von der Dichte des Werkes“[8] zeugen, dass Keller Motive und Symbole als kunstvolle Bindemittel benutzt. Diese verstärken den Eindruck architektonischer Symmetrie, sodass ein reiches Netzwerk von assoziativen Bezügen das Werk nach innen organisiert.

---

8 Mary E. Gilbert: *Zur Bildlichkeit in Kellers ‚Romeo und Julia auf dem Dorfe'*. In: *Wirkendes Wort 4*, 1953/54, S. 358

3.7 Interpretationsansätze

ZUSAMMEN-
FASSUNG

Die drei vorgestellten Interpretationsansätze der Novelle *Romeo und Julia auf dem Dorfe* gehen vor allem auf die novellentypische Struktur mit ihren hervorstechenden Merkmalen ein. Karl Roeder setzt sich mit der Novelle unter dem didaktischen Aspekt der unerhörten Begebenheit auseinander. Walter Silz sieht in ihr ein exzellentes Beispiel des Erzählens im poetischen Realismus und Thomas Koebner setzt sich mit ihr im Rahmen der Dorfgeschichte auseinander.

Romeo und Julia auf dem Dorfe – eine unerhörte Begebenheit (Karl Roeder, 1964)

Handlung in vier Phasen

Im didaktischen Bereich hat sich Karl Roeder in den sechziger Jahren der Novelle Kellers angenommen.[9] Ausgehend von der Frage, warum die Novelle ihren Platz in den Lehrplänen der Gymnasien behaupte, legt er eine Interpretation vor, die durch die Entstehung des unüberwindlichen Hasses der Väter die Kinder zu unschuldigen Opfern macht, deren unverbrüchliche Liebe im bürgerlichen Wertebewusstsein keine Aussicht auf Dauer haben kann und konsequent tragisch endet. Er sieht die Handlung in Phasen gesteigert, ablesbar auch an den Umfängen der einzelnen Erzählabschnitte, von denen er vier unterscheidet. Der erste endet mit dem Prozessbeginn, der zweite auf der Brücke, der dritte mit der Verwahrung des blödsinnigen Marti und der letzte mit dem Tod der Liebenden am Ende des einzigen gemeinsamen Glückstags. Zentraler Punkt der

9 Karl Roeder: *Gottfried Keller: Romeo und Julia auf dem Dorfe*. In: Deutsche Novellen des 19. Jahrhunderts. Interpretationen zu Storm und Keller. Frankfurt, Diesterweg, 2. Aufl. 1964, S. 93–119

inneren Entwicklung ist für ihn die Begegnung auf der Brücke. Vor allem „die poetisch gekelterte Sprache“[10] zeigt für Roeder die Kunst Kellers. Er sieht im Aufbau und Ablauf der Novelle eine strenge Folgerichtigkeit, ein Ineinander der inneren und äußeren Vorgänge, verdeutlicht und verstärkt durch eine Verschmelzung von Natur- und Seelenstimmung. Beispielhaft hierfür zitiert er Keller „Die Stille der Welt sang und musizierte ihnen durch die Seelen“ (HL 60, 27 ff./R 76, 19 f.) nach dem Entschluss der Liebenden, gemeinsam zu sterben. In Kellers Erzählweise sieht er das Prinzip von Fortentwicklung und Retardation. „Auf einen Schritt, den das junge Paar zur endgültigen Erkenntnis hin tut, folgt vorerst nochmals Verzauberung.“[11] Keine Beachtung findet bei Roeder die Zeitungsnotiz am Schluss, weil Keller selbst sie in der zweiten Ausgabe getilgt habe, was nicht in Gänze stimmt. Eine erhebliche Kürzung und Entschärfung wurde von Keller vorgenommen. Auf den Rahmenbau der Novelle kommt Roeder daher nicht zu sprechen. Roeder wendet die Goethe'sche Definition von Novelle als „unerhörter Begebenheit“ auf *Romeo und Julia auf dem Dorfe* an. Auch den Symbolgehalt des kindlichen Spiels auf dem Acker zu Beginn der Novelle verkennt der Autor. Er argumentiert mit der „Spielfreude an ihrer im Grunde bedeutungslosen Puppe.“[12] Die Belastung Salis durch das Niederschlagen Martis bleibt für ihn überwindliches Hindernis für eine dauerhafte Verbindung mit Vrenchen. Schwierigkeiten macht ihm unter didaktischen Gesichtspunkten Kellers diesseitiger, areligiöser Standpunkt. Ausdrücklich erwähnt er die Schwierigkeit, die unter christlichen Gesichtspunkten der Entschluss zum Freitod mit sich bringt. Er fragt:

Begegnung auf der Brücke als zentraler Punkt innerer Wandlung

Prinzip von Fortentwicklung und Retardation

Schwierigkeiten mit Einordnung des Freitods vor christlichem Hintergrund

---

10 Ebd., S. 100
11 Ebd., S.107
12 Ebd., S. 97

> „Wo bleibt das Gebot Gottes, wo der Wille, die Leidenschaften zu bändigen, wo der Entschluss, das harte Los des armseligen Lebens auf sich zu nehmen und das bittere Dasein bis zum natürlichen Tod durchzustehen? Damit wird gleichzeitig Gottfried Kellers weltanschauliche Grenze sichtbar, denn daran dachte er nicht, diese Fragen stellte er überhaupt nicht.“[13]

Keller ist für Roeder „ein Kind seiner Zeit, der auf den Spuren Feuerbachs wandelte und auf den Blick ins Jenseits verzichtete, weil er das Diesseits in seinen Werken ergründen wollte.“[14]

Romeo und Julia auf dem Dorfe – ein exzellentes Beispiel für die Novelle des poetischen Realismus (Walter Silz, 1954)

Merkmale einer Novelle liegen vor

Wendepunkt: Steinschlag auf Martis Kopf

Eine frühe englischsprachige Interpretation hat Walter Silz 1954 vorgelegt.[15] Zunächst weist er nach, dass es sich bei dem von Keller als Erzählung bezeichneten Text um eine echte Novelle handelt. Der Konflikt, die Grundlage für diese Textart, ist gegeben. Wenige Charaktere sind für die Entwicklung der Geschichte notwendig, der Wendepunkt ist mit dem Schlag Salis auf Martis Schädel klar markiert und der in der Novellentheorie Paul Heyses geforderte „Falke“ wird durch die Steinpyramide auf dem Ackerdreieck, eigentlich Teil des Besitzes des schwarzen Geigers, erfüllt. Den Rahmen sieht Silz ebenfalls in den Statements am Anfang und der Zeitungsnotiz am Ende erfüllt. Im Weiteren ist interessant, dass Silz in der Novelle ein exzellentes Beispiel für den poetischen Realismus sieht.[16] Die durchaus romantischen Züge werden in Beziehung ge-

---

13 Ebd., S. 110
14 Ebd., S. 110
15 Walter Silz: *Realism and Reality*. Studies in The German Novelle of Poetic Realism Chapter VII. Keller: ‚Romeo und Julia auf dem Dorfe'. Capel Hill The University of Press, 1954, S. 79–93
16 Ebd., S. 81

setzt zur herben Alltagsrealität („harsh workaday reality of Swiss peasant village“[17]) schweizerischen Dorflebens. Die unverfälschte Realität wird gesehen und ausgewählt mit den Augen eines Poeten und Philosophen. In den Beschreibungen drückt sich der Maler Keller aus. Der poetische Realismus wird von Keller in den Symbolismus überführt. Es geht nicht mehr nur darum, reale Gegenstände zu zeigen, sondern bedeutsame Gegenstände („significant objects“[18]). Silz hebt den Keller'schen Humor und seine Ironie ebenso hervor wie die Fähigkeit zur bedeutenden Charakterzeichnung, die er am Beispiel Vrenchens einfühlsam nachzeichnet. Insgesamt sieht er auch im Vergleich mit Shakespeares Tragödie in Kellers Novelle ein „bürgerliches Trauerspiel“, eine „middle-class-tragedy“, für den Leser eindrucksvoll motiviert und proportioniert.[19] Im Vergleich mit Shakespeare aber bezeichnet Silz Kellers Novelle als zwar einfacher in der Struktur, aber für den modernen Leser plausibler („to the modern reader at least, more plausible.“[20]

Romantische Züge vor herber Alltagsrealität

Humor und Ironie

Bürgerliches Trauerspiel

Romeo und Julia auf dem Dorfe – die Novelle innerhalb der Dorfgeschichte (Thomas Koebner, 1990)

Eine weitere ausführliche Interpretation hat Thomas Koebner 1990 vorgelegt.[21] Koebner setzt sich mit der Zurechnung der Novelle zur Dorfgeschichte auseinander und kommt zu der Auffassung, dass Keller seine Konzeption im Gegensatz zu der üblichen Dorfgeschichte gefunden hat. Bewusst versetzt er die Liebesgeschichte aufs Land und sieht sich zum Nachsinnen verursacht über die

Brechungen der Liebesgeschichte durch das Dorf

17 Ebd., S. 82
18 Ebd., S. 83
19 Ebd., S. 86
20 Ebd., S. 93
21 Thomas Koebner: *Gottfried Keller: ‚Romeo und Julia auf dem Dorfe'*. Die Recherche nach den Ursachen eines Liebestods. In: Erzählungen und Novellen des 19. Jahrhunderts, Interpretationen Band 2, Stuttgart: Reclam, 1990, S. 203–233

Brechungen des Themas durch solche Ortsverschiebung. Er spürt dem Erzähler in mehrfacher Weise nach: als lebenskundigem Realisten und als Propheten eines unausweichlichen Unglücks. Kellers Dichtung hellt das Dunkel hinter der banalen Tagesnachricht auf. In langsam gesteigerter Sinnlichkeit, Ratlosigkeit und Not sehen die Liebenden keinen anderen Ausweg als das Sterben. Das von den Vätern erzeugte materielle und moralische Elend nimmt den Kindern die Aussicht auf eine gemeinsame Zukunft. Die Väter verdrängen durch ihr Außengeleitetsein jegliche Schuld und werden zu unrealistischen Menschen, zu Glücksjägern und dadurch zu tragikomischen Narren. Der Einfluss der Väter prägt die innere Verfasstheit der Kinder. Ihre Hochzeit wird den Liebenden immer mehr zur inneren Wahrheit, je weniger die äußere Wahrheit dem Wunschtraum entspricht. Die Entscheidung für den Tod rührt aus ihrer bäuerlich-bürgerlichen Prägung, sie sind daher Opfer einer Denkweise, die ihnen ein alternatives Dasein verbietet. Sie wählen den Freitod, um nicht die von Keller immer wieder heraufbeschworene Erfahrung machen zu müssen, in eine Welt zurückzukehren, in der die Seligkeit notwendig zuschanden wird. Sie wollen an ihrem einzigen Besitz, ihrer Liebe, bis zum Ende festhalten. Wie unmöglich dies in Wahrheit ist, wird im Paradiesgärtchen ebenso wie auf dem Kirmesplatz vorgeführt. Keller führt die Triebkräfte, von denen die Liebenden geleitet sind, realistisch vor. Im schwarzen Geiger stellt er eine Figur vor, die die Grenze zu einer anderen, alternativen Lebensform markiert.

Sali und Vrenchen als Opfer einer bäuerlich-bürgerlichen Denkweise

Auch wird auf die Kunst Kellers deutlich Bezug genommen, scheinbar unverdächtige Realien als Sinnbilder anzubieten. Erzählt wird aus einer Art topografischer Mitte. Dadurch hält der Autor die berührenden Ereignisse auf Distanz, vermag sich ihnen aber auch pathetisch zu nähern, beunruhigende Nahsichten anzubieten oder verfremdend zu kommentieren.

„‚Romeo und Julia auf dem Dorfe' stellt einen Versuch Gottfried Kellers dar, in der edlen Tradition der Aufklärung selber zu prüfen, was sonst vom Gerede der Welt verblendet wird: die Liebe der Außenseiter, die Liebe als Opposition zur Gesellschaft, der notwendige Tod der Liebe in der bürgerlichen Gesellschaft."[22]

---

22 Ebd., S. 233

4. REZEPTIONSGESCHICHTE

ZUSAMMEN-
FASSUNG

Romeo und Julia auf dem Dorfe wurde seit dem Erscheinen immer wieder rezipiert und gewürdigt. Heute hat die Novelle nicht nur einen festen Platz in der Literaturgeschichte, sondern ist auch eine beliebte Schullektüre. Interessant ist, dass Kellers Geschichte darüber hinaus auch als Oper von Frederick Delius umgesetzt wurde.

Würdigung innerhalb der Literaturgeschichtsschreibung

Theodor Storm, Briefpartner Kellers und selbst ein bedeutender Novellenautor, schreibt seinem Freund Erich Schmidt zum Novellenschaffen Kellers:

Konstruierte Personen

> „Es ist oft, als hätte er (Keller) sich hingesetzt, eine ihm von sich oder anderen gesetzte Aufgabe zu lösen, und die Personen seiner Novellen erhalten dadurch, trotz seiner großen poetischen Kraft, etwas Konstruiertes, Unlebendiges. Die liebsten seiner Novellen sind mir ‚Romeo und Julie', ‚Dietegen', ‚Der Landvogt von Greifenstein' in den ‚Züricher Novellen' (...)." [23]

Atmosphäre des Determinismus

Robert Koenig rechnet Keller mit seinem Novellenzyklus *Die Leute von Seldwyla,* deren zweite *Romeo und Julia auf dem Dorfe* ist, den „prächtigen Dorfgeschichten" zu.[24] Alfred Alker bezeichnet Kellers Novelle als Meisternovelle, auf der die Atmosphäre des Determinis-

---

23 Theodor Storm: An Erich Schmidt vom 12. April 1877. In: *Th. St. Briefe* Bd. 2, Aufbau Verlag, Berlin, 1984, S. 136

24 Robert Koenig: *Deutsche Literaturgeschichte*. Bd. 2, Bielefeld und Leipzig, [23]1893, S. 429

mus liege, „dieser Geschichte junger Menschen, deren Liebe sich nur in verzweifelter Vereinigung und selbstgewähltem Untergang erfüllen darf; hier ist Keller ganz poetischer Realist, wobei der Akzent auf dem zweiten Wort ruht."[25] Winfried Freund[26] sieht in der Novelle die tragischsten Gestalten im Werk Kellers. Freund hebt hervor, dass Keller hier die selbstverschuldete Tragik der bürgerlichen Gesellschaft pointiere, die ihre Kinder zu unschuldigen Opfern mache, wehrlos und ohne Chance, sich aufzubäumen gegen den Widersinn einer lieblosen Welt. Auch Dietmar Goltschnigg stellt die Tragik in *Romeo und Julia auf dem Dorfe* heraus, „die völlig auf dem tragischen Zwiespalt zwischen Individuum und Umwelt, zwischen Neigung und Konvention" beruhe: „der Tod der Liebenden, ein einsamer, hoffnungsloser Akt, bedeutet gesellschaftliches Scheitern und individuelle Erfüllung zugleich."[27] Fritz Martini nimmt sich des Textes interpretierend an. Für ihn ist er ein „Meisterwerk früher Reife", mit dem Keller die Grenzen des Bürgerlichen, den „Seldwyler Rahmen" sprenge, „da hier, auf bäuerlichem Volksgrunde, die ichsüchtige Willkür, zum närrisch und unheimlich Ordnungslosen gesteigert, bis zum Dämonischen aufwächst. Moralische, psychologische, soziologische Motivationen seien kausal bestimmt."[28] In der umfangreichen Literaturgeschichte von Wolfgang Beutin u. a. findet die Novelle ebenfalls ausdrücklich Erwähnung. In den beiden pflügenden Bauern zeige Keller, „was aus Menschen wird, die ihre solide und sorgsam erarbeitete Position aus egoistischer Fehlleitung ihrer Interessen verändern wollen." Zu Todfeinden geworden,

Selbstverschuldete Tragik der bürgerlichen Gesellschaft

---

25 Alfred Alker: *Die deutsche Literatur im 19. Jahrhundert* (1832–1914), Stuttgart: Kröner, 1961, S. 462

26 Winfried Freund: *Novelle*. In: *Hansers Sozialgeschichte der deutschen Literatur*. Band 6, Bürgerlicher Realismus und Gründerzeit 1848–1890. Hg. Edward McInnes und Gerhard Plumpe. München, 1996, S. 475

27 Dietmar Goldschnigg: *Erzählprosa*. In: *Geschichte der deutschen Literatur vom 18. Jahrhundert bis zur Gegenwart*. Hrsg. v. Viktor Žmegac. Bd. 2, Königstein, 1980, S. 85

28 Fritz Martini: *Deutsche Literatur im bürgerlichen Realismus 1848–1898*. Stuttgart [2]1962, S. 583–84

ziehen sie sich und ihre Familien in den Abgrund: „Zwei Männer, die das System der Ausbeutung, der Unmoral, der Vorteilsnahme, dem sie sich ohne Not unterworfen haben, nicht begreifen, sondern in ihrem Starrsinn fast ihre gesamte Habe verprozessieren. Das Elend raubt den Kindern jegliche Lebensperspektive."[29]

Musterbeispiel poetischen Erzählens

Auch die für den Schulgebrauch besonders erarbeiteten Literaturgeschichten[30/31] nehmen sich der Keller'schen Novelle an. Rötzer verweist auf das Nebeneinander von scharfer Sozialkritik und lyrischer Zartheit. Die Novelle falle aus dem Rahmen der übrigen Seldwyler Geschichten, weil sie ohne Hoffnung ende. Im Kapitel zu Keller innerhalb der Schulliteraturgeschichte des Schroedel-Verlags kommt *Romeo und Julia auf dem Dorfe* zu Ehren, denn der gesamte Textanfang ist als Musterbeispiel poetischen Erzählens und Beispiel tragischer Verweise abgedruckt worden.

Umsetzung ins Opernmedium als lyrisches Drama in sechs Bildern (Frederick Delius, 1907)

Als Besonderheit sei letztlich noch auf die Rezeption der Keller'schen Novelle des deutschstämmigen Engländers Frederick Delius (1862–1934) verwiesen, der den Stoff zu einer Oper verarbeitet hat, die am 21. Februar 1907 an der komischen Oper in Berlin uraufgeführt wurde. Delius selbst, von dem auch das Libretto stammt, nennt seine Oper „Lyrisches Drama in sechs Bildern nach Gottfried Kellers Novelle". Die Musik enthält sehr beeindruckende lyrische Partien, sie ist insgesamt dem zeitgenössisch bevorzugten impressionistischen Stil verpflichtet. Zeitgenössischen Dirigenten

---

29 Realismus und Gründerzeit. In: *Deutsche Literaturgeschichte von den Anfängen bis zur Gegenwart*. Hrsg. v. Wolfgang Beutin u. a., Stuttgart, 2001, 6. erweiterte und verbesserte Auflage, S. 316 f.

30 Peter Groenewold u .a.: *Abenteuer: Literatur. Eine Geschichte der deutschen Literatur*. Schroedel Schulbuchverlag, Hannover, 1994, S. 80–81

31 Hans Gert Rötzer: *Geschichte der deutschen Literatur*. C. C. Buchners Verlag, Bamberg, 1992, 4. Aufl., 1997, S. 213

und Komponisten wie Fritz Cassirer, Edvard Grieg, Engelbert Humperdinck u. a. haben sich anerkennend zu dem Stück geäußert. In der Folgezeit hat die Oper eine Wiederaufnahme erfahren, 1981 in Darmstadt, 1987/88 in Düsseldorf und 1994 am Opernhaus in Kiel. Aus dieser Aufführung liegt eine CD der Kiel Opera unter der Leitung von Klauspeter Seibel mit einer ausführlichen Informationsschrift in deutscher, englischer und französischer Sprache vor, in der auch das gesamte Libretto in deutscher und englischer Sprache abgedruckt ist. Die Handlung folgt im Wesentlichen dem Aufbau der Novelle, Verweischarakter und Symbolsprache fallen der Dramatisierung jedoch zum Opfer.

1. Bild: Auf zwei Feldern, getrennt durch den wilden Acker, pflügen die beiden Bauern Manz und Marti. Beider Begehrlichkeit ist auf den Acker des schwarzen Geigers gerichtet, der am Mittag zu den darauf spielenden Kindern Sali und Vrenchen stößt, ihnen zwar erlaubt, dort zu spielen, aber warnt, dass, wenn das Land urbar gemacht werde, davon Unglück ausgehe. Der Acker wird versteigert und über die Frage, ob sich nicht jeder bereits durch unrechtmäßiges Abschneiden eines Stücks davon bereichert habe, kommt es zu einem bösen Streit, der auch den Umgang der Kinder miteinander unterbindet.

2. Bild: Sechs Jahre später hat der Prozess beide Familien ins Elend gestürzt. Sali und Vrenchen haben sich lange nicht gesehen. Sali aber hält die Entfremdung nicht mehr aus. Er besucht Vrenchen und beide entdecken ihre Liebe für einander. Sie verabreden ein Treffen am Abend auf dem wilden Acker.

3. Bild: Dort begegnen sie erneut dem schwarzen Geiger, der ihnen das Leben in der Ferne und in Freiheit schmackhaft zu machen sucht. Sie widerstehen zwar diesen Verlockungen, aber als sie sich herzen und küssen, erscheint Marti und gerät außer sich. Zornig schlägt Sali ihn nieder.

4. Bild: Vrenchen hat ihren durch die Kopfverletzung verwirrten Vater ins Krankenhaus nach Seldwyla gebracht und ist allein im Haus, das sie verkaufen musste und nun verlassen soll. Sali kommt zu ihr. Sie versprechen einander, sich nie mehr zu verlassen, schlafen ein und haben denselben Traum: Sie sehen sich als glückliches Brautpaar in der Kirche von Seldwyla, beglückwünscht von den Bürgern, die ihnen aber in der Wirklichkeit aus dem Weg gehen. Am frühen Morgen nehmen sie den Traum als gutes Omen und wollen den Tag fröhlich und unbeschwert auf der Kirmes im Nachbardorf verbringen.

5. Bild: An den Kirmesbuden bieten die fliegenden Händler ihre Waren an. Sali und Vrenchen sind von den Angeboten zwar fasziniert, können sich aber nichts kaufen. Sie werden von ein paar Bauern aus ihrem Dorf erkannt und bespöttelt. Daraufhin machen sie sich in das einsam gelegene Wirtshaus „Zum Paradiesgarten“ auf, um unbeschwert zu tanzen.

6. Bild: Wieder begegnet ihnen der schwarze Geiger. Mit einer Schar Heimatloser fordert er sie auf, mit ihm zu ziehen und frei und ohne Ehe miteinander zu leben. Sie erkennen jedoch einerseits ihre Unfähigkeit zu einem solchen Leben und andererseits die Aussichtslosigkeit auf ein bürgerliches Dasein miteinander. Nur im Tod kann sie nichts und niemand mehr trennen. Sie besteigen daher ein mit Heu hoch bepacktes Boot, Sali löst es vom Ufer und zieht den Pfropfen aus dem Schiffsboden. Eng umschlungen treiben sie auf dem sinkenden Boot auf den Fluss hinaus, dem Tod entgegen.

5. MATERIALIEN

Keller hatte seine Novelle ursprünglich mit einem längeren Schluss versehen, der aber nicht veröffentlicht wurde. Dort heißt es:

„Was die Sittlichkeit betrifft, so bezweckt die Erzählung keineswegs, die Tat zu beschönigen und zu verherrlichen; denn höher als diese verzweifelte Hingebung wäre jedenfalls ein entsagendes Zusammenraffen und ein stilles Leben voll treuer Mühe und Arbeit gewesen, und da diese die mächtigsten Zauberer sind in Verbindung mit der Zeit, so hätten sie vielleicht noch alles möglich gemacht; denn sie verändern mit ihrem unmerklichen Einfluss die Dinge, vernichten die Vorurteile, stellen die Ehre her und erneuern das Gewissen, so dass die wahre Treue nie ohne Hoffnung ist.
Was aber die Verwilderung der Leidenschaften angeht, so betrachten wir diesen und ähnliche Vorfälle, welche alle Tage im niederen Volk vorkommen, nur als ein weiteres Zeugnis dafür, dass dieses allein es ist, welches die Flamme der kräftigen Empfindung und Leidenschaft nährt und wenigstens die Fähigkeit des Sterbens für eine Herzenssache aufbewahrt, dass sie zum Troste der Romanzendichter nicht aus der Welt verschwindet. Das gleichgültige Eingehen und Lösen von ‚Verhältnissen' unter den gebildeten Ständen von heute, das selbstsüchtige, frivole Spiel mit denselben, die große Leichtigkeit, mit welcher heutzutage junge Leutchen zu trennen und auseinander zu bringen sind, wenn ihre Neigung irgend außer der Berechnung liegt, sind zehnmal widerwärtiger als jene Unglücksfälle, welche jetzt die Protokolle der Polizeibehörden füllen und ehedem die Schreibtafeln der Balladensänger füllten. Wir sehen alle Tage etwa einen wohlgekleideten Herrn, der seine Frau oder Braut mitten auf der Straße plötzlich stehen lässt und auf die Seite springt, weil irgendeinem Schlächter eine alte Kuh entsprungen

ist und bedrohlich dahergerannt kommt. Höchstens aus der Ferne, hinter einer Haustür hervor, schwingt er sein Stöckchen und macht: Bscht! Bscht! Solche Leute werden sich allerdings nicht aus Eigensinn und Leidenschaft ums Leben bringen, wenn man sie trennen will. Ebenso wenig diejenigen, welche in allen Zeitungen ihre ‚stattgefundene' Verlobung anzeigen und vierzehn Tage darauf einen Inseratenkrieg führen, wo jeder Part sich rühmt und behauptet, das Verhältnis zuerst abgebrochen zu haben."[32]

Der Stoff ist ebenso wie das Motiv der heimlichen Liebe und Heirat häufig in der europäischen Literatur gestaltet worden, zum ersten Mal, wenn auch mit anderen Namen, geschah dies 1476 durch den Italiener Masuccio.

In Siena liebten sich der Jüngling Mariotto und die Jungfrau Gianozza, und da die Umstände sie hinderten, sich öffentlich zu ihrer Liebe zu bekennen, ließen sie sich heimlich von einem Mönch trauen. Bei einem Streit mit einem Bürger erschlägt Mariotto diesen und muss nach Alessandria fliehen. Inzwischen will der Vater Gianozzas diese zu einer Heirat zwingen. Der Mönch, der die beiden Liebenden heimlich getraut hat, gibt ihr jedoch einen Trank, der sie in einen todesähnlichen Schlaf fallen lässt. Für tot gehalten wird sie in der Familiengruft beigesetzt, aus der sie nachts der Mönch befreit. Als Mönch verkleidet, macht sie sich auf den Weg nach Alessandria zu ihrem Geliebten. Der hat jedoch von ihrem Tod erfahren und ist als Pilger verkleidet nach Siena zurückgekehrt. Er dringt in die Gruft ein, wird gefasst, erkannt und zum Tode verurteilt. Nachdem Gianozza ihren Geliebten in Alessandria vergeblich gesucht hat, kommt

---

32 Gottfried Keller: *Sämtliche Werke in drei Bänden*. Hrsg. v. Clemens Heselhaus. München 1958. Bd. 2 . Anhang S. 1257 f.

auch sie zurück. Sie erfährt von seiner Hinrichtung und zieht sich in ein Kloster zurück, in dem sie kurz darauf aus Kummer stirbt.[33]

Der folgende Auszug 3. Akt, 5. Szene (III, 5) aus William Shakespeares Drama *Romeo und Julia* soll einen Einblick in die Behandlung des Stoffs ermöglichen. Es handelt sich um die Abschiedsszene der Liebenden nach einer heimlich verbrachten Nacht im Hause Julias, immer in der Gefahr, entdeckt zu werden, denn auch Romeo hat einen jungen adligen Veroneser im Streit getötet und ihre Familien sind hoffnungslos zerstritten:

„Julia: Willst du schon gehen? Der Tag ist ja noch fern.
Es war die Nachtigall, und nicht die Lerche,
Die eben jetzt dein banges Ohr durchdrang;
Sie singt des Nachts auf dem Granatbaum dort.
Glaub', Lieber, mir: Es war die Nachtigall.
Romeo: Die Lerche war's, die Tagverkünderin,
Nicht Philomele; sieh den neid'schen Streif,
Der dort im Ost der Frühe Wolken säumt:
Die Nacht hat ihre Kerzen ausgebrannt,
Der muntre Tag erklimmt die dunst'gen Höh'n:
Nur Eile rettet mich, Verzug ist Tod.
Julia: Trau' mir, das Licht ist nicht des Tages Licht,
Die Sonne hauchte dieses Luftbild aus,
Dein Fackelträger diese Nacht zu sein,
Dir auf dem Weg nach Mantua zu leuchten;
Drum bleibe noch: zu gehen ist noch nicht Not.
Romeo: Lass sie mich greifen, ja lass sie mich töten!

---

33 Masuccio: *Die unglücklich Liebenden*. In: Italienische Novellen Bd. 1. Hrsg. v. Erich Loewenthal. Berlin 1942. S. 297 ff. (Eine Zusammenfassung des Inhalts!)

Ich gebe gern mich drein, wenn du es willst.
Nein, jenes Grau ist nicht des Morgens Auge,
Der bleiche Abglanz nur von Cynthias Stirn.
Das ist auch nicht die Lerche, deren Schlag
Hoch über uns des Himmels Wölbung trifft.
Ich bleibe gern: zum Gehen bin ich verdrossen. —
Willkommen, Tod! Hat Julia dich beschlossen. —
Nun Herz? Noch tagt es nicht, noch plaudern wir.
Julia: Es tagt, es tagt! Auf! Eile! Fort von hier!
Es ist die Lerche, die so heiser singt
Und falsche Weisen, rauen Misston gurgelt.
Man sagt, der Lerche Harmonie sei süß;
Nicht diese: Sie zerreißt die unsre ja.
Die Lerche, sagt man, wechselt mit der Kröte
Die Augen: möchte sie doch auch die Stimme!
Die Stimm' ist's ja, die Arm aus Arm uns schreckt,
Dich von mir jagt, da sie den Tag erweckt.
Stets hell und heller wird's: Wir müssen scheiden."[34]

Gottfried Keller wird literaturgeschichtlich in die Epoche des poetischen Realismus eingeordnet. Seine Erzählung *Romeo und Julia auf dem Dorfe* gilt als typische Novelle des poetischen Realismus.

Otto Ludwig (1813–1865), selbst Erzähler von Novellen und Romanen und Zeitgenosse Gottfried Kellers, hat sich programmatisch zum poetischen Realismus wie folgt geäußert:

---

34 William Shakespeare: *Dramatische Werke*. Übersetzt von August Wilhelm von Schlegel und Ludwig Tieck. Band 3, Frankfurt, 1954, S. 232

„Der Begriff des poetischen Realismus fällt keineswegs mit dem Naturalismus zusammen; oder mit dem des naturalistischen Realismus der künstlerische. Solger (ein zeitgenössischer Erzähler) hat sehr schön den Verstand der Fantasie vom gemeinen Verstande beim künstlerischen Schaffen unterschieden. Es handelt sich hier um eine Welt, die von der schaffenden Fantasie vermittelt ist, nicht von der gemeinen; sie schafft die Welt noch einmal, keine so genannte fantastische Welt, d. h. keine zusammenhanglose, im Gegenteil, eine, in der der Zusammenhang sichtbarer ist als in der wirklichen, nicht ein Stück Welt, sondern eine ganze, geschlossene, die alle ihre Bedingungen, alle ihre Folgen in sich selbst hat. So ist es mit ihren Gestalten, deren jede in sich so notwendig zusammenhängt, als die in der wirklichen, aber so durchsichtig, dass wir den Zusammenhang sehen, dass sie als Totalitäten vor uns stehen; das Handeln in dieser Welt, so greiflich und anschaulich es ist, es ist ebenfalls zugleich durchsichtig, und wir sehen seinen notwendigen Zusammenhang mit der handelnden Gestalt, wir sehen es aus der Totalität der poetischen Person hervorgehen und ebenso wieder auf die betreffende Totalität einer andern wirken. Es ist eine ganze Welt; in Geschlossenheit so mannigfaltig, wie das Stück wirklicher Welt, das wir kennen. Raum und Zeit sind nichts als Rahmen, Stetigkeit des Vorgangs und Mittel dazu. Die Zeit misst nicht nach abstrakten Minuten, sondern nach erfüllten Momenten; sie hat das Gesetz der Fantasie und des menschlichen Geistes. Eine Welt, die in der Mitte steht zwischen der objektiven Wahrheit in den Dingen und dem Gesetze, das unser Geist hineinzulegen gedrungen ist, eine Welt, aus dem, was wir von der wirklichen Welt erkennen, durch das in uns wohnende Gesetz wiedergeboren. Eine Welt, in der die Mannigfaltigkeit der Dinge nicht verschwindet, aber durch Harmonie und Kontrast für unsern Geist in Einheit gebracht ist, nur von dem, was dem Falle gleichgültig ist, gereinigt. Ein Stück Welt, solcher Gestalt zu einer ganzen gemacht, in welcher Notwendigkeit, Einheit nicht allein vorhanden, sondern sichtbar gemacht ist. (...) der Realist (lässt) seiner wiedergeschaffenen Welt soviel von ihrer Mannigfaltigkeit und Breite, als sich mit der geistigen Einheit vertragen will, wobei diese Einheit selbst zwar viel schwerer, aber dafür weit großartiger ins Auge fällt. (...) Der künstlerische Realismus steht mitten inne zwischen absolutem Stoff und absoluter Form, ein Reicher, der seinen Reichtum kennt und vollständig über ihn disponieren kann. Die Kunstwelt des künstlerischen Realisten ist ein erhöhtes Spiegelbild des Gegenstandes, aber nach dem Gesetz der Malerei zu klarer Anordnung gediehen, so dass nicht das eine das andere verdeckt, noch eine Verwirrung entsteht, indem man zusammensuchen müsste, was zu einer und derselben Gestalt gehört."[35]

---

35 Otto Ludwig: *Der poetische Realismus*. In: Ludwigs Werke in vier Teilen. Hrsg. v. Arthur Eloesser, Teil 3, Berlin, Leipzig, Wien, Stuttgart, 1908, S. 319–20 (Auszug)

6. PRÜFUNGSAUFGABEN MIT MUSTERLÖSUNGEN

Unter www.königserläuterungen.de/download finden Sie im Internet zwei weitere Aufgaben mit Musterlösungen.

Die Zahl der Sternchen bezeichnet das Anforderungsniveau der jeweiligen Aufgabe.

Aufgabe 1 ***

Die Puppe als Leitsymbol
Analysieren Sie die Bedeutung des ungewöhnlichen Puppenspiels der Kinder Sali und Vrenchen (HL 6, 29 ff./ R 7, 22 ff.).

Mögliche Lösung in knapper Fassung:

HINFÜHRUNG

Fast in allen bedeutenden Novellen verdichtet sich die zentrale Aussage in einem markant gesetzten Dingsymbol, das als Struktur- und Sinnträger die Handlung kommentiert und ihren allgemein gültigen Gehalt hervorhebt.

In *Romeo und Julia auf dem Dorfe* fällt in Bezug darauf bereits am Anfang eine Puppe auf, mitgeführt von Vrenchen und Sali, den Kindern der Bauern. Völlig nackt hockt die Einbeinige mit ihrem verschmierten Gesicht in dem Kinderwägelchen, weniger ein anmutiges Spielzeug als eine Figur mit deutlich lädiertem Aussehen. Gründe für ihre Ramponiertheit werden nicht genannt, doch der folgende Umgang mit der Puppe lässt einiges vermuten. Während das fünfjährige Vrenchen ihr Spielzeug mit Blättern und Blumen schmückt, wirft der siebenjährige Sali mit Steinen nach ihm, schleudert es in die Luft und bohrt zusammen mit dem Mädchen Löcher in den Puppenleib, sodass die Kleie herausrieselt. Bald gleicht die Puppe einem ausgequetschten Leichnam, von dem die Kinder den Kopf abtrennen, eine gefangene Fliege hineinstopfen und ihn unter den Feldsteinen auf dem mittleren wüsten Ackerstück begraben.

ANALYSE

Konsequent fortgesetzt wird die Zerstörung, an der nach anfänglichem Widerstand auch das Mädchen teilnimmt. Kein kreatives Spiel bestimmt das Handeln der Kinder, sondern die gezielte, grausame Zersetzung der Puppe, ohne dass Gründe für die Zerstörungswut genannt werden. Nicht eher ruhen die Kinder, bis die kleine Spielfigur alles Lebensähnliche verloren hat und wie ein Leichnam bestattet wird. Was grausam und unerbittlich seinen Lauf nimmt, folgt auf den ersten Blick keiner einsichtigen, nachvollziehbaren Motivation, vielmehr ist es Ausdruck einer mutwilligen Lust an der puren Zerstörung mit dem Ziel völliger Ruinierung, gesteigert noch durch die tödlich eingekerkerte Fliege, Hinweis auf die Unterdrückung jeglicher Bewegungsfreiheit. Die von vornherein lädierte Puppe und ihre gezielte, fortgesetzte Zerstörung spiegeln die dem Menschen innewohnende Aggressivität, den destruktiven Trieb, der die Vernichtung des Objekts zum Ziel hat.

Im spielerisch zerstörerischen Umgang mit der Puppe bildet sich eine illusionslose Auffassung vom Menschen ab. Nicht zufällig spielt sich das destruktive Ritual dort ab, wo sich das Chaos zwischen den Äckern von Manz und Marti ausbreitet, dort also, wo die Welt in Unordnung geraten ist. In diese Unordnung gehört auch die lädierte Puppe mit ihrem verschmierten Gesicht.

Die ständige Gefährdung menschlichen Einvernehmens durch aggressives Verhalten, von den Kindern an der Puppe exemplarisch vorgeführt, bestimmt in praktischer Konsequenz auch das Verhalten der Bauern, die sich in unrechtmäßiger Aneignung des fremden Ackers erheblicher Übergriffe schuldig machen und einen krisenhaften Zustand heraufbeschwören, der bei steigender Konfliktspannung den jeweils anderen zum Rivalen macht, der unter allen Umständen in den Ruin getrieben werden muss.

Opfer der aggressiven Wende sind alle unmittelbar Beteiligten. Martis Frau, im Grunde verträglich und versöhnlich, stirbt, weil sie das zerstörerische Handeln der Männer nicht länger zu ertragen vermag. Die Zerstörungswut und der Hass treffen auch die Kinder selbst.

Nachdem sie erwachsen geworden sind und ihre Liebe füreinander entdeckt haben, müssen sie sich eingestehen, dass für ihre Liebe kein Platz in einer Gesellschaft ist, in der die Väter sich tödlich hassen und kein anderes Ziel verfolgen, als den Rivalen zu liquidieren. Der ausgequetschte Leichnam der förmlich hingerichteten Puppe bestimmt als zentrales Dingsymbol die novellistische Handlung bis zu ihrem tragischen Ende.

Zerstörung, Hass und Tod erweisen sich den aufbauenden Kräften der Liebe und des Lebens als überlegen. Vrenchen und Sali, ein Liebespaar geworden, haben keine Zukunft. Ein einziger Sonntag ist ihnen gewährt, dann suchen sie den Tod im Fluss.

Hier sind sie der Puppe des Anfangs nicht unähnlich, nun selbst tödlich verletzt und auf dem Weg ins Grab. Das, was sie ihrem Spielzeug von einst aggressiv angetan haben, holt sie ein und macht sie zu Opfern einer heillosen Verwicklung, deren Antriebe im Menschen selbst liegen.

FAZIT

Was damals auf dem wüsten Acker geschah, war kein Spiel, sondern Vorausdeutung des menschlichen Schicksals unter dem Druck destruktiver menschlicher Veranlagung, die den spielerischen Täter am Ende zum ernsthaften Opfer werden lässt.

Aufgabe 2 ***

Romeo und Julia auf dem Dorfe als Liebesnovelle
Ordnen Sie _Romeo und Julia auf dem Dorfe_ in das Genre der Liebesnovelle ein und gehen Sie dabei auch auf die Bedeutung des Zitats „(…) die Liebe ist eine Glocke" (HL 46, 21/ R 58, 21) ein.

Mögliche Lösung in knapper Fassung:

HINFÜHRUNG

Seit Giovanni Boccaccios *Dekameron* ist die Novelle im besonderen Maße mit dem Leben hier und jetzt befasst, eine „commedia humana" mit der Liebe als ihrem eigentlichen thematischen Zentrum. Dabei reicht die Spannweite von der Erfüllung bis zum tragischen Scheitern, von der Hoffnung bis zur Verzweiflung. Liebe und Tod liegen oft nah beieinander wie in Shakespeares Liebestragödie *Romeo und Julia*, an die Keller nicht nur im Titel anknüpft. Überhaupt zeigt die Liebesnovelle des poetischen Realismus eine deutliche Neigung zu tragischen Ausgängen, Zeugnis eines zunehmend illusionslosen Menschen- und Gesellschaftsbildes.

EINORDNUNG

Kellers Novelle ist eines der bedeutendsten Beispiele dieser Entwicklung, geprägt von Anfang an von der Dialektik von Liebe und Tod, Aufbruch und Untergang, aber auch von der Liebe, die niemals aufgibt. Bereits die Kinder Vrenchen und Sali stehen am Anfang im Spannungsfeld von Spiel und Zerstörung. Im Alter zwischen siebzehn und zwanzig Jahren, als sie sich ineinander unsterblich verlieben, leben sie bereits unter dem Druck der unversöhnlichen Feindschaft ihrer Väter. Eine dauerhafte Liebeserfüllung scheint hier schon nachhaltig ausgeschlossen. Beiden ist klar, dass es für sie keine Zukunft geben wird, dass ihr Glück, wenn es überhaupt ein solches gibt, nur in der kurz befristeten Gegenwart liegen kann, in der das Ende der Liebe immer schon auf Sichtweite heranrückt.

Ihre Liebe ist in der Tat wie eine Glocke, deren Klang mächtig aufklingt, um bald darauf auch schon wieder zu verklingen.

Der realistische Erzähler weiß um die eng gezogenen Grenzen menschlichen Glücks, um die unendlichen Ansprüche der Liebe und ihr Eingebundensein in die endlichen gesellschaftlichen Bedingungen. Je kürzer aber die Zeit ist, die den Liebenden bleibt, desto spontaner und leidenschaftlicher müssen sie sich einander zuwenden. „Denn die armen Leutchen mussten an diesem einen Tage, der ihnen vergönnt war, alle Manieren und Stimmungen der Liebe durchleben und sowohl die verlorenen Tage der zarteren Zeit nachholen als das leidenschaftliche Ende vorausnehmen mit der Hingabe ihres Lebens" (HL 48, 34 ff./R 61, 19 ff.).

Nur einen Sonntag steht ihnen das Glück zu, sich alle Wünsche der Liebe zu erfüllen. Dem Menschen bleibt immer nur eine Ahnung von der großen Erfüllung, ein kurz befristetes Glück, das von seiner Natur her nach Ewigkeit verlangt und doch der Vergänglichkeit anheimfällt, wenn die Lebensumstände es durchkreuzen.

Nicht unähnlich ist das Glück dem Paradiesgärtlein, wo Vrenchen und Sali miteinander tanzen, wo die Wände mit verwaschenen Freskomalereien lustiger Engel und tanzender Heiliger bedeckt sind, aber alles undeutlich wie ein Traum. Das Paradies, wie es den Liebenden hier und jetzt begegnet, ist nur die Vision eines Liebesglücks, das kaum ergriffen schon wieder schwindet, flüchtig und für den Menschen nicht geschaffen.

Keller erzählt die Tragödie der Liebe in einer Welt menschlicher Enttäuschung und zerstörerischer Umtriebe. Im Schicksal Vrenchens und Salis gewinnt das stets gefährdete Lebensglück des Menschen Gestalt, die tragische Seite eines Daseins, das immer schon der Frustration ausgesetzt ist, wo der Wunsch nach dauerhafter Liebeserfüllung enttäuscht wird.

Kellers Novelle stellt das Liebesgeschehen konsequent bis zu der Entwicklungsstufe dar, wo seine tragische Natur offen hervortritt. Längst haben Vrenchen und Sali die Vergeblichkeit ihrer Hoffnungen eingesehen und das Ende ihrer Liebe akzeptiert, die ihren Höhepunkt an diesem Sonntag erreicht hat und die darüber hinaus keine Steigerung mehr erfahren kann.

Sie nehmen an, was ihre Zeit ihnen vergönnt, unbedingt und kompromisslos, in der Gewissheit, das höchste Glück erreicht zu haben. „Es gibt eines für uns, Vrenchen, wir halten Hochzeit zu dieser Stunde und gehen dann aus der Welt (...)" (HL 61, 29 f./R 77, 31 f.). Nach diesem Glück hält das Leben nichts mehr für sie bereit. „Tod und Untergang war ihnen ein Hauch, ein Nichts (...)" (HL 62, 9 f./R 78, 20 f.).

Liebe und Tod liegen nahe beieinander. Wer sich zur Unbedingtheit der Liebe bekennt, dem kann die Bedingtheit des Lebens nichts mehr anhaben, der ist bereit zu sterben, sobald er das Höchste erfahren hat.

Die Tragödie, von der die Novelle erzählt, ist den Liebenden Anlass, über sie hinauszuwachsen, zu bejahen, was das Schicksal ihnen zugedacht hat, und sich den Unabänderlichkeiten gegenüber zu behaupten. Sie zahlen in letzter Konsequenz für die Liebe mit ihrem Leben, das in der Gegenwart des Glücks aufgeht. Die anderen aber verstehen nichts von der Folgerichtigkeit eines Handelns, das die Liebe bis zu einem Punkt durchlebt, wo nur der Tod eine Abwärtsbewegung vereiteln kann.

FAZIT

Kellers Novelle handelt von der akzeptierten Tragödie der Liebe in einer Welt, die für die Liebenden zu eng geworden ist. Die Liebe aber ist eine Glocke, die im selbstgewählten Tod der Liebenden von einem großen Glück tönt.

Aufgabe 3 *

Im Abseits der Gesellschaft – der schwarze Geiger
Analysieren Sie die Figur des schwarzen Geigers in *Romeo und Julia auf dem Dorfe* in Bezug auf die Gesellschaft von Seldwyla.

Mögliche Lösung in knapper Fassung:

HINFÜHRUNG

Auf den ersten Blick bietet Seldwyla eine geschlossene Gesellschaft mit einem hohen Integrationspotential. Die herausgehobenen Bauernfamilien Manz und Marti sind seit Generationen Teil eines sozialen Verbunds, den sie mittragen und mitbestimmen. Fest eingefügt sind sie in die gesellschaftlichen Rhythmen und Rituale und doch ist die soziale Integration nicht problemlos. Ausgelöst wird gleich zu Anfang eine gewisse Unsicherheit durch die Erwähnung des schwarzen Geigers, offenbar ein Sohn des „verdorbenen Trompeters" (HL 5, 32/R 6, 20 f.) mit einem gewissen Anspruch auf den wüst liegenden mittleren Acker. Das Urteil über den schwarzen Geiger, der sich bei den Heimatlosen aufhält und zum Tanz aufspielt, fällt von vornherein negativ aus.

ANALYSE

Integriert sind ausschließlich diejenigen, die zu der geschlossenen Gesellschaft gehören, die eine Geburtsurkunde und einen Taufschein besitzen, und deren Identität unzweifelhaft feststeht. Diejenigen aber, die sich am Rand bewegen und Tätigkeiten außerhalb des engeren bürgerlichen Lebens nachgehen, sind ausgeschlossen. Sozial integriert sind nur diejenigen, die sich den bürgerlich-bäuerlichen Standards unterwerfen. Im schwarzen Geiger verkörpert sich die Gefährdung der Gesellschaft, die sich rigoros abschottet, um zu überleben, die alles ausschließt, was nicht zu ihr gehört und sich nicht zu ihr bekennt.

Jahre vergehen, bis die inzwischen erwachsenen Bauernkinder Vrenchen und Sali dem geächteten schwarzen Geiger dort begegnen, wo die beiden Äcker liegen und sich der Steinhaufen auf dem Ackerzipfel des mittleren Stücks türmt. Es ist die Stelle, wo das Unheil seinen Anfang nahm und die Welt in Unordnung geriet. Inzwischen stehen auch Vrenchen und Sali ähnlich wie ihre Väter im Abseits der Gesellschaft, deutlich hervorgehoben durch die Begegnung mit dem schwarzen Geiger, der um ihr Unglück weiß und sich an diesem weidet. Er verkörpert das Ausgeschlossensein und die Ächtung. Der schwarze Geiger kennt seine Lage; er weiß, dass man ihn um seinen Besitz gebracht hat. Die Begegnung von Vrenchen und Sali mit ihm im Zentrum der Novelle verweist auf den bedenklichen Zustand der Kinder, auf ihr Schicksal, das dem des Geächteten nicht unähnlich ist.

Die zweite Begegnung der Liebenden mit dem schwarzen Geiger erfolgt im Paradiesgärtchen, schon fast am Ende der Novelle, wo der schwarze Geiger dem zerlumpten Volk aus Seldwyla aufspielt. Am Ende des Tanzes fordert er das Liebespaar auf, mit ihm zu den Heimatlosen in den Bergen zu gehen, wo man keinen Pfarrer, kein Geld, keine Schriften und keine Ehe braucht, wo man sich lieb hat, wie es einem gefällt.

Vrenchen und Sali sind in der Tat dort angekommen, wo die Gesellschaft sie hingestoßen hat und sie aus aller Integration herausgefallen sind. An die Stelle der anerkannten Gesellschaft und ihrer sozialen Ordnung tritt der schwarze Geiger als neue Leitfigur und mit ihm die absolute Willkür.

Das Chaos, das Antibürgerliche schlechthin, holt die Liebenden ein und verweigert ihnen jeden Weg zurück in die Ordnung. In Vrenchen aber ist das Bekenntnis zur moralischen Bindung und zur Treue dem Geliebten gegenüber geblieben. Standhaft weigert sie sich, in einen Zustand einzutreten, der sich von jeder Verlässlichkeit verabschiedet, und in dem die Untreue an der Tagesordnung ist. Während sich der schwarze Geiger und sein Gefolge in der Ferne verlieren, machen sich Vrenchen und Sali auf ihren letzten Weg, der im gemeinsamen Tod sein Ende findet.

Aufgabe 4 ***

Flussabwärts – das Novellenfinale
Interpretieren Sie das Ende der Novelle *Romeo und Julia auf dem Dorfe* mit Bezugnahme auf das Flussmotiv.

Mögliche Lösung in knapper Fassung:

HINFÜHRUNG

Vrenchens und Salis Weg an jenem denkwürdigen Sonntag, dem einen glücklichen Tag, der ihnen vergönnt ist, führt konsequent hinab ins Flusstal. „Aller Sorgen ledig gingen sie am Ufer hinunter und überholten die eilenden Wasser (…)" (HL 62, 4 f./R 78, 14 f.). In den eilenden Wassern spiegelt sich die novellistische Handlung, die die Liebenden fortträgt, ohne dass sie ihr Einhalt gebieten könnten.

INTERPRETATION

Der Fluss wird zum Lebensfluss. In seinem unaufhörlichen Fließen vergeht die Zeit. Ein Anhalten gibt es nicht, so wie auch das menschliche Leben ohne Unterlass fortströmt. Vrenchen und Sali sind dort angekommen, wo sie sich zur Vergänglichkeit allen Lebens bekennen. Sinnlos ist es, sich dem Vergehen zu widersetzen, weil es Teil des Daseins ist, dem der Einzelne nicht entrinnen kann. Unten am Fluss finden Vrenchen und Sali das Schiff, uraltes Sinnbild für die Reise und die Überfahrt, im übertragenen Sinn für das Leben. Die Liebenden besteigen es zu ihrer letzten Fahrt nach einem Tag ihres übergroßen Glücks in Erwartung ihrer abschließenden Hochzeit. Das Schiff trägt sie fort aus dem Leben in den Tod, den sie auf dem Höhepunkt der Erfüllung willig annehmen, indem sie sich forttragen lassen auf dem Strom der Zeit. Das Heu auf dem Schiff wird ihnen zum Liebes- und Hochzeitslager, während sich das Schiff ohne Steuerung fortbewegt, sich langsam drehend wie im Tanze in Begleitung der Vereinigung der Hochzeiter.

Die Fahrt des Schiffs führt noch einmal durch das Panorama des Lebens. Wälder wechseln sich ab mit offenem Land, den Rhythmus des Lebens zwischen sich öffnenden und sich verschließenden Ausblicken unterstreichend. Vorbei an stillen Dörfern und einzelnen Hütten, Bilder des sesshaften Lebens, wo der Fluss sich weitet und das Schiff fast stillsteht, strömen die Wasser, die Spanne des Daseins hervorhebend, die den Menschen zugedacht ist. Doch auch diese Zeit der Sesshaftigkeit ist befristet. Ein Etablieren des Menschen auf Dauer gibt es nicht. An Felsen, herausragenden Ausblicken, strömt der Fluss vorbei und lässt schnell die „schlafenden Ufer" hinter sich. Mit der Stadt scheint das Ziel der Fahrt erreicht. Zu Ende geht die Nacht, die Nacht der Hochzeit von Vrenchen und Sali, sichtbar im untergehenden Mond, der seine Bahn wie Gold über das Wasser legt, im Rückblick auf die glänzende Vereinigung der Liebenden.

FAZIT

Doch mit der Hochzeitsnacht geht das große Glück zu Ende. Die höchste Erfüllung bedeutet zugleich den Untergang derjenigen, die sich das Glück gespendet haben. Die noch nicht erwachte Stadt mit ihrem täglichen Treiben hält kein neues Leben für sie bereit. Im Frost des Herbstmorgens ist die Zukunft erstarrt. Das Verlassen des Hochzeitslagers führt in die kalten Fluten des Flusses, in das selbst gewählte Grab. Das Schiff aber legt unbeschadet an der Brücke an. Die Lebensfahrt ist zu Ende. Von der Höhe des Lebens steigen die Liebenden in die Tiefe des Todes. Ihre Leichen treiben weiter im Strom. Ob die Brücke, an der das Schiff liegen bleibt, einen Übergang in ein neues Leben bedeutet, bleibt unklar. Wahrscheinlich aber ist, dass das Leben im Augenblick seiner höchsten Erfüllung sein endgültiges Ende gefunden hat. Was weiter dahinströmt, ist das Leben selbst, aus dem Vrenchen und Sali nach eigenem Willen herausgefallen sind, weil ihnen eine bürgerliche Zukunft versagt war. Das Finale der Novelle mündet ein in das persönliche Bekenntnis zum Lebensverzicht, nachdem den Liebenden die höchste Erfüllung gewährt worden ist.

LITERATUR

Zitierte Ausgaben:

Keller, Gottfried: *Romeo und Julia auf dem Dorfe*. Reclams Universal Bibliothek (RUB) 6172. Stuttgart: Reclam, durchgesehene Ausgabe 2002, Nachdruck 2010. Zitatverweise sind mit **R** gekennzeichnet.

Keller, Gottfried: *Romeo und Julia auf dem Dorfe*. Husum/Nordsee: Hamburger Lesehefte Verlag 2010 (103. Hamburger Leseheft). Zitatverweise sind mit **HL** gekennzeichnet.

Textausgaben:

Keller, Gottfried: *Sämtliche Werke*. Hrsg. v. Jonas Fränkel. Siebenter Band: *Die Leute von Seldwyla*. Erlenbach bei Zürich: E. Rentsch, 1927 ff. (HKA)

Keller, Gottfried: *Romeo und Julia auf dem Dorfe.* In: Gottfried Keller: Sämtliche Werke in drei Bänden. Hrsg. v. Clemens Heselhaus. Band 2, Carl Hanser Verlag, München, 1958, 4. Aufl., 1979, S. 61–128

Nachschlagewerke:

Wilpert, Gero von: *Sachwörterbuch der Literatur.* Stuttgart, 8. Aufl., 2001

Reallexikon der deutschen Literaturgeschichte. Begründet von Paul Merker und Wolfgang Stammler, 2. Auflage, Berlin, 1977

Kindlers Literaturlexikon. Deutscher Taschenbuch-Verlag (dtv), München, 1974

Deutsche Literatur. Schnellkurs von Winfried Freund. Dumont 520, Köln, 2000

Biografische Erfassungen:

Boeschenstein, Hermann: *Gottfried Keller*. Metzler, Stuttgart, 1977

Ermatinger, Emil: *Gottfried Kellers Leben*, Stuttgart, 1924

Heselhaus, Clemens: *Nachwort zu Gottfried Keller*. Sämtliche Werke in drei Bänden. Hanser, München 1958, 3. Aufl. 1972, Bd. 3, S. 1315–1337

Sautermeister, Gert: *Gottfried Keller*. In: Deutsche Dichter. Leben und Werk deutschsprachiger Autoren vom Mittelalter bis zur Gegenwart. Hrsg. von Gunter Grimm und Frank Rainer Max. Reclam Verlag, Stuttgart, 1993, S. 473–486

Swales, Erika: *Gottfried Keller*. In: Killy, Walther: Literaturlexikon. Autoren und Werke deutscher Sprache, Bertelsmann Lexikon Verlag, Gütersloh, Bd. 6, S. 270–74

Benutzte Literatur:

Fife, H. W.: *Keller's Dark Fiddler in 19th Century Symbolism of Evil*. In: German Life and Literature (GLL), 16, 1962/63, S. 117–127

Gilbert, M. E.: *Zur Bildlichkeit in Kellers ‚Romeo und Julia auf dem Dorfe'*. In: Wirkendes Wort (WW) 4, 1953/54, S. 354–58

Koebner, Thomas: *Gottfried Keller: ‚Romeo und Julia auf dem Dorfe'*. Die Recherche nach den Ursachen eines Liebestods. In: Erzählungen und Novellen des 19. Jahrhunderts, Interpretationen Band 2, Stuttgart: Reclam, 1990, S. 203–233

Kultermann, U.: *Bildformen in Kellers ‚Romeo und Julia auf dem Dorfe'*. In: Der Deutschunterricht (DU) 8, 1956, H. 3, S. 86–100

Ohl, H: *Das zyklische Prinzip von Gottfried Kellers Novellensammlung ‚Die Leute von Seldwyla'*. In: Euphorion 63, 1969, H. 1/2, S. 216–226

Roeder, Karl: *Gottfried Keller: Romeo und Julia auf dem Dorfe*. In: Deutsche Novellen des 19. Jahrhunderts. Interpretationen zu Storm und Keller. Diesterweg, Frankfurt, [2]1964

Runge, E. A.: *Ein kleiner Blick in die künstlerische Verwandlung. Zu Kellers Romeo und Julia auf dem Dorfe*. In: Monatshefte (Wisconsin) 52, 1960, S. 249–252

Schneider, Wilhelm: *Der Anfang von Kellers ‚Romeo und Julia auf dem Dorfe'*. In: Librarium 1, 1958, H. 2, S. 56–59

Silz, Walter: *Keller: ‚Romeo und Julia auf dem Dorfe'*. In: Realism and Reality. Studies in the German Novelle of Poetic Realism. Chapel Hill, 1954, S. 79–93

Materialien aus dem Internet:

http://www.gottfriedkeller.ch
→ Gottfried Keller-Homepage

http://www.kellerbriefe.ch
→ Briefe Kellers

Verfilmungen:

Romeo und Julia auf dem Dorfe. Schweiz 1941.
Regie: Valerien Schmidely.
Drehbuch: Hans Trommler.

Übers Jahr, wenn die Kornblumen blühen (Jugendliebe).
Deutschland 1944/1947.
Regie: Eduard von Borsody.
Drehbuch: Eduard von Borsody.

Romeo und Julia auf dem Dorfe. BRD 1968.
Verfilmung für das Fernsehen/ZDF.
Regie: Willi Schmidt.

Romeo und Julia auf dem Dorfe. DDR 1984.
Regie: Siegfried Kühn.
Drehbuch: Siegfried Kühn.

STICHWORTVERZEICHNIS

EIGENE NOTIZEN